SIM à DESORDEM

Preencha a **ficha de cadastro** no final deste livro
e receba gratuitamente informações
sobre os lançamentos e as promoções da Elsevier.

Consulte também nosso catálogo
completo, últimos lançamentos
e serviços exclusivos no site
www.elsevier.com.br

FRANK BARRETT
MÚSICO E PROFESSOR DE GESTÃO NA
NAVY GRADUATE SCHOOL OF BUSINESS

LIÇÕES SURPREENDENTES
DO JAZZ PARA LÍDERES
CONTEMPORÂNEOS

SIM À DESORDEM

O QUE DUKE ELLINGTON E MILES DAVIS ENSINAM SOBRE LIDERANÇA

ELSEVIER

TRADUÇÃO
LEONARDO ABRAMOWICZ

CAMPUS

Do original: *Yes To The Mess*
Tradução autorizada do idioma inglês da edição publicada por Harvard Business Review Press
Copyright © 2012, by Frank J. Barrett

© 2013, Elsevier Editora Ltda.

Todos os direitos reservados e protegidos pela Lei nº 9.610, de 19/02/1998.
Nenhuma parte deste livro, sem autorização prévia por escrito da editora, poderá ser reproduzida ou transmitida sejam quais forem os meios empregados: eletrônicos, mecânicos, fotográficos, gravação ou quaisquer outros.

Copidesque: Soeli Araujo
Revisão: Jussara Bivar
Editoração Eletrônica: Estúdio Castellani

Elsevier Editora Ltda.
Conhecimento sem Fronteiras
Rua Sete de Setembro, 111 – 16º andar
20050-006 – Centro – Rio de Janeiro – RJ – Brasil

Rua Quintana, 753 – 8º andar
04569-011 – Brooklin – São Paulo – SP – Brasil

Serviço de Atendimento ao Cliente
0800-0265340
sac@elsevier.com.br

ISBN 978-85-352-6676-4
Edição original: ISBN: 978-1-4221-6110-4

Nota: Muito zelo e técnica foram empregados na edição desta obra. No entanto, podem ocorrer erros de digitação, impressão ou dúvida conceitual. Em qualquer das hipóteses, solicitamos a comunicação ao nosso Serviço de Atendimento ao Cliente, para que possamos esclarecer ou encaminhar a questão.
  Nem a editora nem o autor assumem qualquer responsabilidade por eventuais danos ou perdas a pessoas ou bens, originados do uso desta publicação.

CIP-Brasil. Catalogação na fonte
Sindicato Nacional dos Editores de Livros, RJ

B259s Barret, Frank
        Sim à desordem: lições surpreendentes do jazz para líderes contemporâneos / Frank Barret; tradução: Ana Beatriz Rodrigues. – Rio de Janeiro: Elsevier, 2013.
        23 cm

        Tradução de: Yes to the mess
        ISBN 978-85-352-6676-4

        1. Liderança. 2. Música. 3. Jazz. I. Título.

12-9213.
                                        CDD: 658.4092
                                        CDU: 658.310.42

Dedico este livro a duas pessoas.

A primeira é minha mãe, Mary Hagan Barrett, que me ouviu estudar piano durante anos, testemunhou meu sofrimento por vários erros, avaliações equivocadas e andanças (musicais e outras), mas que sempre enxergou meu potencial melhor que eu. Ela continua sendo a pessoa mais resiliente que já conheci e foi para mim um modelo do que significa dizer continuamente "sim".

Dedico este livro também a meu falecido amigo, mentor e colega, W. Barnett Pearce, que foi para mim uma fonte contínua de amizade, inspiração e bom humor. Gostaria que ele estivesse entre nós para segurar este livro nas mãos e ver como sua influência continua presente.

Agradecimentos

Gostaria de agradecer aos meus amigos e colegas de brainstorming, que me ajudaram a ter clareza de raciocínio e me proporcionaram insights e estímulo ao longo dos anos. Minha mais profunda gratidão a Ken Gergen, Mary Gergen, Karl Scheibe, Sheila McNamee, Barnett Pearce (*in memoriam*), Ted Sarbin (*in memoriam*), Marc Ventresca, Ed Schein, David Cooperrider, Ronald Fry, Bill Pasmore, Richard Boyatzis, Karl Weick, Mary Jo Hatch, Richard Doyle, Jean Bartunek, Joe Rubel, Sarah Johnson e Sonia Nevis.

Valorizo muito meus dois anos como professor convidado da Harvard Business School e do Harvard Program on Negotiation. Gostaria de agradecer, em especial, a meus patrocinadores, Mike Wheeler e Amy Edmondson. Foi em Harvard que vislumbrei esta obra e comecei a trabalhar. Tive conversas fundamentais com Mike, Amy e outros da Harvard Business School, em especial Andreea Gorbatai, Dutch Leonard, Clay Christensen, Mike Tushman, Ethan Bernstein e Colin Fisher. Sou grato, também, pela inspiração obtida com as conversas com meus amigos e colegas da Harvard Graduate School of Education e Harvard Faculty of Arts and Sciences, em especial Richard Hackman, Bob Kegan, Monica Higgins, Laura Crandall, Lissa Young, Sean Kelly, Larry Susskind, Kim Leary e Jane Juliano.

Agradeço aos amigos e colegas que leram e comentaram as versões anteriores ao manuscrito final, em especial Ed Schein, Bill Van Buskirk, Marty Kaplan, Kyle Johnson, Ralph Carney, Richard Boyatzis, Herbert Anderson, Bill Pasmore, Michael Fish e Karl Weick.

Sou grato também aos colegas da Naval Postgraduate School, que me ofereceram comentários e críticas úteis sobre os rascunhos iniciais deste livro, em especial Reuben Harris, Nick Dew, Wayne Porter, Nancy Roberts, Kishore Sengupta, Tarek Abdel-Hamid, Jim Suchan e David Franta.

Aos meus amigos e colegas da Fielding Graduate University, em especial Jeremy Shapiro, Mike Manning, Charlie Seashore, Charles McClintock, Judy Stevens-Long, Pamela Meyer e Cate Creede – obrigado por se esforçarem para me manter humilde. Estou tentando.

Meus agradecimentos especiais a Mike Wheeler, da Harvard Business School. Sua amizade e apoio me são inestimáveis. Mike viu o potencial para este livro antes de mim e continuou me lembrando dele, em especial quando eu perdia o foco. Para Mike, a amizade é uma forma de arte altamente desenvolvida, e ele a pratica com grande habilidade. O Capítulo 6 trata do papel do acompanhamento, de apoiar os outros para que deem o melhor de si. É dedicado a Mike.

Gostaria de agradecer às pessoas que me ajudaram a transformar a proposta inicial em manuscrito – Rafe Sagalyn e Shannon O'Neill. Agradeço também à maravilhosa edição de Howard Means, que impediu que eu me escondesse por trás de clichês acadêmicos, ajudou-me a desenvolver a voz do profissional e, em diversas ocasiões, proporcionou a tão necessária clareza.

Gostaria de agradecer à equipe da Harvard Business Review Press e, em especial, a meu editor, Jeff Kehoe, por seu olhar apreciativo (e ouvido musical) e pelos conselhos, desde os estágios iniciais deste livro, que me ajudaram a seguir adiante. Adorei nossa parceria e espero que possamos trabalhar juntos novamente.

Agradeço a meus familiares e amigos, que me incentivaram e compreenderam, principalmente nos momentos em que eu não estava disponível ou no melhor dos humores.

Um agradecimento especial aos amigos que entenderam os desafios de uma pessoa introvertida ocasionalmente ser levada a exercer papéis que exigem interação com o público. Estou tentando melhorar. Obrigado pela paciência.

Um agradecimento especial a Doug Conant, CEO recém-aposentado da Campbell Soup, estereótipo do líder dedicado a ajudar outros a aprender e se desenvolver.

Gostaria de agradecer a meus alunos, principalmente aos oficiais da Naval Postgraduate School. Vocês foram e continuam sendo meus professores.

Gostaria de agradecer aos músicos que me inspiraram ao longo dos anos. Antes de tudo, reconheço a influência do meu primeiro mentor, o grande pianista de ragtime, Arthur E. Hagan – meu avô. Foi ele quem me mostrou que uma boa música pode elevar o espírito de qualquer grupo. E, quando há um piano à disposição, basta senso de humor. Espero poder levar adiante sua influência.

Gostaria de agradecer também aos músicos que dedicaram a vida ao piano. Vocês seguiram o chamado de uma profissão especial, e espero que colham algumas das bênçãos que proporcionam aos seus ouvintes. Minhas primeiras inspirações no jazz – Oscar Peterson, Duke Ellington, Thelonius Monk, Bill Evans, Herbie Hancock e Keith Jarrett – merecem também meus agradecimentos e reconhecimento especiais. Mais adiante, faço algumas críticas a Oscar Peterson, mas meus comentários nada são perto de minha admiração por ele e sua música.

Agradeço aos músicos com quem toquei ao longo dos anos e que aguçaram meu ouvido e melhoraram minha técnica – são muitos para serem citados individualmente.

No jazz, assim como em várias outras áreas, comecei tarde, aos 26 anos. Gostaria de agradecer especificamente ao primeiro jazzista com quem toquei – Ken Peplowski. Que sorte a minha. Tive algumas noções, na época, da sorte em poder tocar com um músico tão talentoso, que me estimulou constantemente a aperfeiçoar minha capacidade. Mal sabia eu que Ken estava destinado a esse feito. Recentemente, tive a honra de tocar com meu amigo e colega Colin Fisher, professor assistente de Administração da Boston University. Quero muito ter muitas outras oportunidades de trabalhar novamente com esse talentoso amigo. A todos aqueles com os quais dividi o palco – obrigado. Essas experiências de aprendizado foram uma grande alegria, em algumas ocasiões transcendentais, às vezes dolorosas, sempre humildes, agentes catalisadores de minhas reflexões e do desenvolvimento de minha teoria.

O Autor

Frank J. Barrett é professor de Administração e Políticas Públicas Globais da Naval Postgraduate School, em Monterey, Califórnia. De 2008 a 2010 foi professor convidado da Harvard Business School e também do Programa de Negociação da Harvard Law School. Ocupou a Cátedra Boer & Croon de Gestão da Mudança da Tilburg University (Holanda) e fez parte do corpo docente da Katholieke University of Leuven (Bélgica), do Behrend College (Penn State University), Case Western Reserve University, Fielding Graduate University e Benedictine University.

Graduou-se em Relações Internacionais e Governamentais e tem mestrado em Língua Inglesa pela University of Notre Dame e doutorado em Comportamento Organizacional pela Case Western Reserve University.

Frank prestou consultoria a diversas organizações, entre elas, Harvard University, Boeing, the US Navy, Ford Motor Manufacturing Division, Ford Motor Information Strategy Group, Bell South, Granite Construction, Glaxo Wellcome, General Electric, British Petroleum, Nokia, Johnson & Johnson, PricewaterhouseCoopers, BBC, Council of Great Lakes Governors, Omni Hotels, Cleveland Clinic Foundation e University Hospitals of Cleveland.

Frank escreveu e ministrou palestras sobre construcionismo social, inquisição apreciativa, mudança organizacional, improvisação no jazz e aprendizado organizacional. É coautor, com Ron Fry, do livro *Appreciative Inquiry: A Positive Approach to Building Cooperative Capacity*. Publicou artigos sobre metáfora, masculinidade, improvisação, mudança organizacional e desenvolvimento organizacional nas publicações *Journal of Applied Behavioral Science*; *Human Relations*; *Organization Science*; e *Organizational Dynamics*, além de ter escrito diversos capítulos de livros. Escreveu "Generative Metaphor Intervention: A New Approach to Intergroup Conflict" (com David Cooperrider), agraciado com o prêmio de melhor artigo pela Organization Development and Change Division of the Academy of Management, em 1988. Voltou a ganhar o prêmio de melhor artigo em 2003, por "Planning on Spontaneity: Lessons from Jazz for a Democratic Theory of Change", em coautoria com Mary Jo Hatch. É coeditor do *Appreciative Inquiry and Organizational Transformation*.

Frank é pianista de jazz. Além de liderar seus próprios trios e quartetos, viajou a diversas partes dos Estados Unidos, da Inglaterra e do México com a Tommy Dorsey Orchestra.

Prefácio

Acordo para dormir, tomo o meu despertar lento.
Aprendo indo onde tenho de ir.
Theodore Roethke, trecho do poema "The Waking"

À primeira vista, este é um livro sobre improvisação no jazz. Entretanto, poucos dos que estão lendo essas palavras agora são músicos; e muitos sequer gostam de jazz — embora eu espere que uma consequência da leitura deste livro (não tão intencionalmente) seja o maior apreço por esse gênero musical. Trata-se, na realidade, de um livro sobre a mentalidade de liderança e os tipos de atividades e habilidades que ajudam os líderes a entender e facilitar o processo de inovação.[1]

Minha trajetória de vida pessoal pode parecer acidental ou marcada pela improvisação. No fim da década de 1980, quando fazia pós-graduação em Comportamento Organizacional na Case Western Reserve University, estava em uma conferência quando meu orientador de tese, Suresh Srivastva, me apresentou a Karl Weick como "o doutorando que costumava tocar jazz". Recordo-me de duas situações desse encontro. A primeira é que não conseguia acreditar que estava ali, na frente de Karl Weick, conversando com ele. Eu e meus colegas de doutorado tínhamos a mais alta estima por suas ideias; em nossa opinião, ele era como um deus. Lembro-me também do que Karl me disse, depois que Suresh lhe revelou minha experiência como jazzista. Karl perguntou: "Sua tese é sobre o jazz como organização inovadora?" Murmurei uma resposta da qual não me lembro agora, mas sei que pensei com meus botões: "Como assim? O que a improvisação no jazz tem a ver com comportamento organizacional?" Na verdade, naquela época, eu estava bastante avançado na minha tese e concluiria o doutorado em pouco tempo, mas a pergunta de Karl continuou a ecoar em minha mente, até que comecei a enxergar a conexão que hoje me parece muito óbvia. Nas palavras de Theodore Roethke cuja citação abre este prefácio, meu despertar foi lento.

Fiquei cada vez mais intrigado com a possibilidade de explorar a conexão entre minhas duas paixões – jazz e comportamento organizacional. Em agosto de 1995, na Academy of Management, em Vancouver, British Columbia, fiz uma parceria com Mary Jo Hatch para elaborar e facilitar uma sessão de palestras e uma mesa-redonda sobre improvisação no jazz e complexidade organizacional. Karl Weick fazia parte da mesa-redonda. Os artigos que eu e outros participantes escrevemos para essa sessão foram publicados em uma edição especial do periódico *Organization Science,* em 1998. Tanto a sessão de Vancouver quanto a edição especial da revista alimentaram ainda mais meu interesse pela questão da improvisação nas organizações. Comecei a me basear na improvisação no jazz como forma de entender criatividade e inovação e desenvolvi módulos de educação executiva, utilizando a improvisação como perspectiva para entender o aprendizado organizacional e a inovação colaborativa. Fiquei surpreso com o interesse que isso gerou.

A consciência e o interesse crescentes finalmente me levaram a escrever este livro. Comecei a valorizar a riqueza da metáfora do modelo do jazz para a compreensão da natureza da atividade nas organizações. Comecei a enxergar também os paralelos entre o desafio de tocar jazz e os que os executivos enfrentam. Com o tempo, percebi que o jazz é mais que uma metáfora para a gestão de organizações. Na realidade, as bandas de jazz *são* organizações desenvolvidas para a inovação, e os elementos de concepção do jazz podem ser aplicados a outras organizações em busca da inovação. Além disso, o sucesso de uma banda de jazz exige o compromisso com uma mentalidade, uma cultura, práticas e estruturas e um conceito de liderança extremamente semelhantes aos necessários para promover a inovação nas organizações.

Neste livro, uso a improvisação no jazz como ponto de partida para apresentar os sete princípios de apoio que nos permitem entender como cultivar a inovação e a improvisação estratégica. Esses sete princípios se tornaram os títulos dos capítulos do livro. Em cada um, alterno exemplos do jazz e histórias de organizações, na tentativa de mostrar como esses princípios já estão em prática em muitas organizações e como os líderes podem sustentar e ampliar as oportunidades de inovação. Minha esperança é que os executivos obtenham insights úteis sobre as escolhas e as atividades que os jazzistas usam nas improvisações, e se preparem para ser espontâneos e alcançar o equilíbrio entre as limitações e experimentação na performance em público. Os líderes poderiam considerar esses sete princípios e usar os insights para criar uma cultura de inovação que incentive a improvisação engajada e estratégica.

O princípio apresentado no Capítulo 1 é um chamado para aprender a se proteger do poder sedutor das rotinas. Muitas vezes, o primeiro passo para obter o novo insight necessário à inovação é desaprender. Existe uma tendência humana, especialmente em organizações estabelecidas, de utilizar rotinas desgastadas e regras conhecidas. Com o tempo, os processos se tornam sacramentados, inquestionáveis. Essas rotinas são obstáculos ao aprendizado. Devido à tentação de repetir o que fazem bem, em vez de correrem o risco de fracassar, os jazzistas veteranos tentam deliberadamente se proteger da dependência de músicas com arranjos prontos, solos decorados ou hábitos e padrões que funcionaram no passado. Em vez disso, desafiam-se a explorar o limite de sua zona de conforto, estendendo seu aprendizado a novas e diferentes áreas. As empresas poderiam muito bem começar a seguir a cartilha do jazz. Quando as organizações ficam atoladas em uma concepção dominante, as pessoas ficam aprisionadas em funções específicas, e o dinamismo se perde. Este capítulo levanta a seguinte questão: Como os líderes empresariais podem seguir o exemplo dos jazzistas, deliberadamente quebrando rotinas como forma de "desaprender", de se tornarem mais vivos, alertas e abertos a um horizonte de novas possibilidades?

O segundo princípio, tema do Capítulo 2, mostra que os profissionais de gestão muitas vezes se veem no meio da desordem, não provocada por suas decisões, e têm de tomar atitudes com base em informações inexatas, mesmo sem qualquer garantia de bons resultados. Os jazzistas se veem diante dos mesmos problemas, mas improvisam, se ajustam e lançam mão de uma estratégia funcional devido a uma atitude afirmativa, um "sim" implícito, que lhes permite seguir em frente, mesmo em meio à incerteza. A solução do problema em si não gera saídas inovadoras. É necessário lançar mão de uma crença afirmativa de que existe um caminho e de que algo de positivo surgirá. Na verdade, trata-se de uma habilidade da imaginação, a capacidade de interromper a descrença e saltar à ação, sem qualquer garantia objetivamente válida de aonde suas atitudes vão levá-lo. Os seres humanos dão o melhor de si quando abertos ao mundo, quando capazes de perceber o necessário e quando dotados das habilidades para responder significativamente no momento. O improviso vem da receptividade ao que a situação oferece e, assim, a primeira atitude é dizer "sim à desordem", um estado de receptividade radical que todos os jazzistas desejam.

O terceiro princípio, apresentado no Capítulo 3, discute a importância da criação de uma cultura de aprendizado. Os líderes precisam fazer o mesmo que os jazzistas – prever que, se as pessoas forem incentivadas a experimentar o novo, os resultados serão inesperados e "imprevisíveis", incluindo erros. Culturas inovadoras maximizam o aprendizado promovendo uma mentalidade de tentativa e erro, que permite aos gerentes extrair novos insights das falhas. Isso envolve a criação de uma zona de conforto psicológico na qual as pessoas sentem segurança para falar sobre seus erros e sobre o que podem aprender com eles. Uma cultura assim não renega os erros; tampouco os pune excessivamente. Ao contrário, acata os fracassos como oportunidade de aprendizado.

O princípio seguinte, do Capítulo 4, estimula um formato flexível – uma concepção organizacional que possui tanto restrições quanto estrutura e coordenação suficientes para maximizar a diversidade. As bandas de jazz e as organizações inovadoras criam as condições para a autonomia orientada com pontos de escolha para evitar a sobrecarga de regras inúteis e, ao mesmo tempo, maximizar a diversidade, estimular o aperfeiçoamento e incentivar a investigação e experimentação. Para promover a inovação, os líderes se protegem da armadilha do "excesso de consenso", dando às pessoas liberdade para experimentar e responder à intuição. O pressuposto subjacente é que, quando duas pessoas discordam, as duas têm razão. Assim, essas organizações toleram e estimulam a discordância e o debate.

O quinto princípio é abordado no Capítulo 5. No jazz, o aprendizado e as ideias de inovações ocorrem nas *jam sessions*, o equivalente criativo das conversas nos cafés do século XIX. É nas jam sessions que os músicos têm ideias inovadoras, desenvolvem seu estilo e percebem se sua forma de tocar tem qualidade. Para os novatos e não especialistas, é nessas jam sessions que se aprende o que é preciso para pensar e agir como um jazzista. Como Steve Jobs sabia tão bem, as organizações precisam criar espaço semelhante para jam sessions; precisam se preparar conscientemente para as descobertas inesperadas, estimular acidentes interessantes e descobertas imprevistas. O segredo para isso nas organizações está nas *conversas de ocasião*. Grandes insights ocorrem no contexto de relações e intercâmbios, à medida que as pessoas compartilham o trabalho e fazem perguntas (muitas vezes, ingênuas).

O sexto princípio é apresentado no Capítulo 6. Enfatizamos tanto a liderança hoje que nos esquecemos da importância do acompanhamento, termo homônimo usado pelos jazzistas. Nas organizações, o acompanhamento – apoiar os demais a pensar em voz alta e dar o melhor de si – deve ser uma arte mais bem articulada, reconhecida e recompensada. Este capítulo incentiva os líderes a servir de exemplo e apoiar a importância de se revezar nos papéis de líderes e seguidores, como fazem os grandes líderes de jazz. O acompanhamento pode ser um nobre chamado, e as organizações precisam deixá-lo florescer.

O sétimo princípio, discutido no Capítulo 7, fala sobre a liderança como competência provocativa, habilidade muito especial, que ajuda as pessoas a se livrar de armadilhas de competência. Praticar a competência provocativa requer primeiro que líderes disciplinem sua imaginação para visualizar o potencial de uma pessoa ou grupo, mesmo que ainda não esteja evidente na prática. Os líderes podem implementar um rompimento incremental que exige que as pessoas deixem suas zonas de conforto e experimentem atitudes novas e desconhecidas. Na realidade, os líderes estão provocando a "vulnerabilidade do aprendizado" – momentos de inquietação (e animação) nos quais as pessoas exploram o desconhecido. Finalmente, a competência provocativa envolve facilitação e reorientação. Duke Ellington e Miles Davis foram mestres nessa área; entenderam que se tratava de uma forma de arte em si. Líderes de todos os setores se beneficiariam muito se prestassem atenção à lição.

O Capítulo 8 apresenta um resumo e uma perspectiva futura, uma caixa de ferramentas para a improvisação, repleta de medidas concretas que os líderes podem adotar para estimular uma cultura que reconheça e valorize a improvisação.

Fomos criados com uma variedade de modelos de organizações, a maior parte dos quais se baseia, até certo ponto, em uma visão mecanicista das abordagens à mudança de cima para baixo. Os modelos de liderança com base em estruturas de comando e controle enfatizam rotinas e regras; demandam estruturas organizacionais nítidas e rigorosas, reforçadas por regras, planos, orçamentos, gráficos, cronogramas, funções claramente definidas e o uso de coação ou intimidação para obter conformidade do trabalhador. Esses modelos podem ter funcionado bem na primeira parte do século XX, quando as organizações eram concebidas como máquinas, as tarefas eram desmembradas em pequenas partes, facilmente reproduzidas, e as pessoas poderiam ser substituídas com a mesma facilidade que as peças de uma engrenagem. Entretanto, ao deparamos com as demandas intensivas em conhecimentos, características do século XXI, temos de fazer um rodízio de nossas imagens e aumentar nosso repertório de liderança para além desses modelos hierárquicos, valorizando mais plenamente o poder dos relacionamentos.

Essa nova era exige foco nas equipes, não em indivíduos, o estímulo ao aprendizado e inovação contínuos, e não a conformidade com planos predefinidos. Os líderes não podem se dar o luxo de prever todas as situações, treinando e ensaiando para elas, e de aprender antes de executar. Ao contrário, os líderes precisam dominar a arte do aprendizado *enquanto* a colocam em prática e disseminar esse domínio em todos os sistemas. É por isso que bandas de jazz são modelos provocativos que devemos considerar ao criamos equipes e organizações no século XXI.

Como as organizações podem prosperar em um mundo marcado por mudanças aceleradas e pela incerteza? Ao desenvolver a capacidade de experimentar, aprender e inovar – em suma, ao adotar a improvisação estratégica. O modelo que envolve a improvisação coletiva de jazzistas constitui um exemplo claro e forte de como as pessoas e equipes podem se coordenar, ser produtivas e criar inovações surpreendentes, sem muitas das alavancas de controle das quais dependiam os profissionais de gestão na Era Industrial. Um modelo organizacional com base no improviso cria uma espécie de abertura, um convite à possibilidade, em lugar de uma tendência às limitações do controle.

Este livro é um convite aos líderes, para que adotem uma abordagem sólida à inovação, criem culturas vitais que estimulem a descoberta, em vez de seguirem a limitada previsibilidade do mundo conhecido. É um convite para que rompam com algumas das rígidas convenções que norteiam suas ações e experimentem transpor a fronteira da certeza. Dizer "sim à desordem" nos desafia a criar culturas, comunidades e organizações engajadas, apaixonadas e imaginativas, em prol do progresso e do bem-estar de todo o sistema.

Os jazzistas buscam uma vida de receptividade radical. As demais pessoas atingirão seu melhor desempenho se fizerem o mesmo – quando se abrirem para o mundo, serão capazes de perceber horizontes de possibilidades cada vez maiores, totalmente envolvidos em habilidosas atividades, e viverão em contextos que exigem respostas que levam a novas descobertas. Como podemos nos organizar de modo a permitir que as pessoas atinjam a excelência? Essa é a pergunta que orienta a investigação subjacente a este livro.

Sumário

	Agradecimentos	vii
	O Autor	xi
	Prefácio	xiii
CAPÍTULO 1	**Todo esse jazz** *Dominando a arte de desaprender*	1
CAPÍTULO 2	**"Sim à desordem"** *Desenvolvendo a competência afirmativa*	23
CAPÍTULO 3	**Executando e experimentando simultaneamente** *Aceitando os erros como fonte de aprendizado*	45
CAPÍTULO 4	**Estrutura mínima – autonomia máxima** *O equilíbrio entre liberdade e limites*	73
CAPÍTULO 5	**A hora das jam sessions e das conversas** *O aprendizado na prática*	103
CAPÍTULO 6	**Revezando-se nos solos e no acompanhamento** *O acompanhamento como um nobre chamado*	131
CAPÍTULO 7	**Liderança como competência provocativa** *Cultivando a dupla visão*	149
CAPÍTULO 8	**A hora do "sim à desordem"** *Levando adiante a improvisação estratégica*	177
	Notas	205
	Índice	215

CAPÍTULO 1

Todo esse jazz

Dominando a arte de desaprender

Empresas têm planos para tudo: vendas (em projeções para um, três e cinco anos), fusões, aquisições, P&D (Pesquisa & Desenvolvimento), dias apocalípticos e de glória e todas as outras eventualidades entre um extremo e outro. Na verdade, ao que parece, o único plano que falta é aquele para quando as coisas, de fato, acontecem.

Como a BP, por exemplo. O gigante britânico do petróleo definitivamente tinha um plano de ação para a eventualidade de um poço explodir no Golfo do México. Na verdade, tinha dois planos: um regional, composto de 582 páginas, para o caso de derramamento de óleo no Golfo em geral, e um de 52 páginas, específico para a plataforma Deepwater Horizon. Porém, como ficou dolorosamente evidente nas semanas seguintes à explosão fatal na plataforma Deepwater, em 20 de abril de 2010, ambos os planos estavam repletos de problemas.

O plano de resposta regional, por exemplo, continha instruções para evitar que as morsas fossem afetadas por um derramamento de óleo – importante para as morsas; entretanto, trata-se de uma espécie que não vive em águas temperadas. Entre as pessoas a quem o plano sugeria recorrer em caso de emergência, estava o especialista de Miami em tartarugas marinhas, Peter Lutz, que se mudara duas décadas antes e, de qualquer forma, não estava mais acessível – morrera em 2004.

O petróleo de Deepwater chegou ao delta do Rio Mississippi em nove dias, e embora a modelagem computadorizada da BP tivesse apontado 20% de chance de acontecer em um mês, diversas tentativas de pequenos reparos falharam, e a imagem cuidadosamente cultivada da BP como "gigante verde" do petróleo mundial afundou no leito do mar do Golfo.

Em vez de consultar as estratégias da empresa em caso de desastre, seria mais vantajoso para o então CEO, Tony Hayward, e os mais altos executivos considerar o conselho do ex-campeão dos pesos pesados, Mike Tyson. "Todo mundo", disse Tyson certa vez, "tem um plano até levar um soco na boca". Este livro trata do desenvolvimento de uma mentalidade para nosso mundo complexo e acelerado, no qual até os melhores planos estão propensos, figurativamente – e às vezes literalmente – a levar um soco na boca.

O guru da administração Peter Drucker imaginava o líder empresarial do século XXI como um maestro, que, ao seguir uma partitura, consegue extrair grandes apresentações de uma orquestra não necessariamente composta de grandes músicos. O talento adequado seria suficiente, contanto que os músicos dessem tudo de si depois de "ensaiar repetidamente a mesma passagem da sinfonia até o primeiro clarinete soar da maneira como o maestro o imagina".[1]

Minha admiração por Drucker é quase infinita, mas acredito que sua metáfora do maestro não leve em consideração a enorme ambiguidade e turbulência do atual ambiente. Assim, gosto mais do modelo desenvolvido por Karl Weick, no influente artigo "Improvisation as a Mindset for Organizational Analysis".[2] Segundo Weick, as organizações consistem em um grupo de diversos especialistas que, sob grande pressão, tomam decisões rápidas e irreversíveis, são altamente interdependentes, dedicados à criação e à novidade e agem mesmo sem ter certeza do resultado.

Certamente, foi nessa situação que os executivos da BP se viram após a explosão da Deepwater Horizon: grande pressão sem qualquer certeza do que aconteceria no fim, acompanhada de pouca familiaridade ou treinamento para lidar com a enorme ambiguidade que os dominou. Os resultados errados e desastrosos falam por si, mas certamente os líderes de muitas empresas diferentes olharam para o circo diário da mídia em torno da BP e pensaram: "Ali, não fosse a misericórdia divina e pura sorte, estaria eu."

Hoje é assim. Erros crassos vão parar no YouTube, mas até os modestos podem se tornar virais em questão de horas e levar meses para serem superados. Produtos e serviços podem ser reproduzidos quase instantaneamente; a competição é feroz e pode vir de qualquer parte; dessa forma, os preços, as margens de lucro e a participação no mercado evaporam do dia para a noite.

Quais são os modelos para sobreviver e prosperar nesse clima? Na Medicina, não é o ambiente relativamente controlado e estéril da sala de cirurgia, mas a triagem muitas vezes frenética de um hospital de campo, onde ferimentos e doenças são constantemente diferentes, problemas são sempre, pelo menos, levemente caóticos, e o resultado é bastante imprevisível. No futebol americano, não são as substituições quase infinitas e combinações de formações básicas que levam à vitória – o guru ofensivo Al Saunders consegue montar mais de 700 jogadas diferentes para uma defesa da NFL (National Football League – Liga Nacional de Futebol Americano) –, mas o brilhantismo louco e confuso de um capitão como Michael Vick, favorecido pela fraca defesa do adversário, proteção dos recebedores e o jogo individual. E, no entretenimento, não são as piadas roteirizadas e comprovadamente eficazes dos *sitcoms*, mas as retomadas – muitas vezes desesperadas para voltar a ter o domínio sobre a plateia – de comediantes de stand-up numa improvisação local, na qual um infeliz excesso pode gerar o "soco na boca" de Mike Tyson.

De fato, minha noção de timing para a comédia é, na melhor das hipóteses, mediana, e, como jogador de futebol americano, nunca fui exatamente bom. Quanto à cirurgia, eu diria que sou semicompetente na remoção de lascas, nada mais. Mas existe uma área de aperfeiçoamento que conheço a fundo e acredito que seja o melhor modelo para todos os negócios no século XXI: a grande forma de arte original americana conhecida como jazz.

Sou tendencioso – sou pianista de jazz. Viajei pelo mundo com a Tommy Dorsey Band e conduzi meus próprios trios e quartetos. Também sou professor de Administração e posso afirmar que aprendi sobre liderança e comportamento organizacional – e o que é preciso para se destacar como artista – tanto com a experiência de tocar piano quanto com a experiência acadêmica.

Minha formação como pianista começou, de maneira pouco promissora, com aulas formais aos 8 anos. Por mais que tentasse tocar, digamos, a escala de si bemol menor com o cruzamento correto dos dedos indicador e polegar e o cotovelo dobrado firmemente, errava várias vezes. No fim, a professora disse à minha mãe para parar de jogar dinheiro fora, e minhas aulas terminaram. Mas quando eu não estava ensaiando escalas rígidas e produções de acordes, descobri que era capaz de fazer duetos complexos com meu avô, Arthur E. Hagan. Ele era pianista de ragtime e, na adolescência, tocava durante filmes mudos, em cinemas de Cleveland. Para um garoto desastrado e inquieto de 8 anos, meu avô era o tipo perfeito de professor, paciente e bem-humorado. De fato, gravei algumas dessas sessões na infância, e hoje, quando escuto aquela versão juvenil e sincopada de "Bye Bye Blues", ouço uma noção bastante avançada de tempo e ritmo, sem contar a facilidade com as teclas.

O que havia de tão diferente nos meus dois estilos de "prática"? Bom, não aprendi a tocar piano *boogie-woogie* lendo e decorando partituras, mas imitando meu avô – a maneira como ele se sentava, o incomum jogo de pés nos pedais, as frases musicais curtas que ele tocava. Mesmo quando eu não conseguia tocar as notas exatas, repetia seus ritmos e gestos e, quando imitava sua forma de tocar, mesmo que tocasse notas "erradas", ele se encantava com meu esforço. O conceito de erro não existia. Sem que eu percebesse, aquela imitação gerou a programação cerebral que, mais tarde, permitiria que eu me tornasse jazzista mais que competente.

Minha formação em Administração certamente não era tão divertida quando tocar piano – principalmente quando eu tocava "Maple Leaf Rag" com meu avô – mas continha muitos elementos comuns: a educação formal e a imitação de mentores e sábias e experientes mãos, tão compreensivas com minhas falhas profissionais quanto meu avô, com as notas erradas ao piano.

Mesmo assim, foi necessária uma reviravolta no começo da carreira de professor para me mostrar como essas duas atividades estavam interligadas, ou pelo menos deveriam estar. Verdade seja dita, eu não era muito profissional quando comecei a dar aulas. Sabia exatamente que lições e insights eu queria transmitir a meus alunos. Elaborava testes e provas que reforçava as minhas "verdades" e pouco me esforcei para ensinar aos alunos onde eles estavam errando.

Porém, um dia, um aluno me interrompeu com uma pergunta que nada tinha a ver com o planejamento da aula e, do alto de minha exasperação – afinal, ele estava interrompendo a aula –, perguntei (pelo que me lembro, quase gritei): "Por que você está perguntando isso?" Ele respondeu com toda sinceridade: "Porque estou curioso." Isso me deixou estarrecido por tempo suficiente para pensar: "Queremos que os alunos fiquem curiosos. Isso é bom. Talvez eu devesse ver aonde isso vai parar." Assim, me rendi e deixei de lado o plano de aula. Começamos pela pergunta que o aluno fez e, 30 minutos depois, percebi que havíamos abordado o tema original de uma maneira mais profunda e criativa do que eu jamais poderia ter imaginado. Além do mais, percebi o quanto eu vinha sendo mais fiel ao plano de aula que aos alunos e, como resultado, vinha obstruindo seu processo de aprendizado.

Em pouco tempo, eu já estava ansiando por momentos de divergência de compreensão entre mim e os alunos e que eles passassem a buscar as próprias respostas, não apenas as minhas. Isso mudou toda a minha experiência. Em suma, comecei a adorar ser professor no dia em que descobri que também estava aprendendo – talvez mais que os alunos. Descobri que alunos e professores podem ser catalisadores e aprender mutuamente. Juntos, podemos acrescentar elementos novos e imprevistos à conversa, frases musicais que aprofundam nossa experiência e conhecimento mútuos. Não são oportunidades de ensino planejadas com antecedência. Ao contrário, são momentos de aprendizado que acontecem ao longo do caminho se – e "se" é a palavra-chave – permitirmos. E isso, para mim, foi a verdadeira reviravolta que conectou as duas áreas, pois é exatamente o que acontece no jazz. Os grandes momentos são sempre aqueles que acontecem ao longo do caminho, se deixarmos.

Desde então, conforme fui aprimorando minhas habilidades como professor e músico, fui encontrando cada vez mais paralelos entre a dinâmica das organizações, as tarefas de liderança e a natureza essencialmente improvisada do jazz. Além disso, vi as formas poderosas como o jazz pode nos ajudar em todas as atividades, de forma a nos tornarmos melhores líderes e inovadores. Os velhos modelos das organizações, como os de sistemas de comando e controle, estão obsoletos. Precisamos de um modelo de um grupo diversificado de especialistas que vivam em um ambiente caótico e turbulento; tomem decisões rápidas e irreversíveis; sejam altamente interdependentes para interpretar informações imprecisas e incompletas e dedicados à inovação e à criação de novidades. É isso o que os grandes jazzistas fazem: aprendem ao se lançar e ao agir mesmo sem um plano bem definido. Uma vez aprimoradas as habilidades, inventam novas reações sem um plano programado e sem garantia de resultados. Descobrem o futuro conforme ele vai se desenrolando. E também descobrem sua própria identidade – quem realmente são. Em vez de insistir em erros do passado, correm riscos calculados e torcem para que o melhor aconteça, negociando uns com os outros durante o processo.

Exceto por alguns estudiosos, como Weick, que exploraram a mentalidade improvisada em periódicos acadêmicos, ninguém se valeu desse modelo para explicar como os princípios do jazz podem ajudar alguém a tomar o tipo de decisão e julgamento necessários para ter sucesso nos altos níveis das organizações atuais, cada vez mais imprevisíveis. É isso o que faço aqui. Estimulo os leitores a agirem como os jazzistas: abraçar a complexidade da vida, correr riscos conscientemente e, por fim, usar uma expressão que utilizo com meus colegas músicos: "dizer sim à desordem".

O paradoxo da improvisação

Diz a crença popular que os jazzistas são gênios ignorantes, que tocam instrumentos como se estivessem apanhando as notas no ar. Entretanto, estudos sobre jazz mostram que a arte é muito complexa — *resultado da busca incessante de aprendizado e de imaginação disciplinada*. São a busca incessante e imaginação disciplinada, não a genialidade em si, que permitem aos jazzistas improvisar — do latim *improvisus*, que significa "imprevisto" —, e é a improvisação, que se tornou a marca registrada, que define essa forma de arte.

Como os jazzistas aprendem a improvisar? Da mesma maneira que aprendi com meu avô, e que os bebês aprendem a falar: ouvindo padrões, observando gestos, repetindo e imitando. Os jazzistas formam um vocabulário de frases e padrões imitando, repetindo e memorizando os solos e frases dos mestres, até se tornarem parte de seu repertório de "licks", ou padrões melódicos.

Há uma ironia aqui, é claro. O objetivo da improvisação é ser consciente e criativa, ter ideias imediatas que respondam ao que está acontecendo no momento, mas o caminho até a adaptação consciente passa pela imitação, pois, como o jazzista aprende, às vezes a única opção é recorrer aos padrões aprendidos inconscientemente.

O trompetista Tommy Turrentine explica:

Os mais velhos costumavam chamar isso de "aleijões". A palavra vem de "aleijado"... Em outras palavras, quando você está solando, sua mente está aleijada e você não consegue pensar em nada diferente para improvisar; simplesmente volta aos seus conhecimentos anteriores e toca um de seus "aleijões". É melhor ter algo para tocar quando não conseguir pensar em nada novo, caso contrário, sentirá desconforto por ficar ali exposto por tanto tempo.[3]

Após anos praticando e absorvendo padrões, os músicos passam a reconhecer que frases se adequam às diferentes formas e as várias opções disponíveis dentro das limitações de acordes e canções específicos. Estudam os processos mentais de outros músicos e aprendem a exportar materiais de diferentes contextos e pontos de vista, combinando, ampliando e variando o material, acrescentando e modificando notas, variando timbres, alterando sutilmente o contorno de uma frase memorizada. O crítico de jazz Mark Gridley escreveu que Bill Evans foi um mestre nesse tipo de improvisação altamente cerebral:

> *Evans criava as improvisações com precisa intenção. Muitas vezes, ele pegava uma frase ou apenas sua essência, e desenvolvia e estendia os ritmos, as intenções melódicas e harmonias que as acompanhavam. Dentro do mesmo solo, ele as transformava cada vez que voltava a elas. Durante as improvisações de Bill Evans, acontecia uma autorrevisão inédita e contínua. Ele poupava o ouvinte dos falsos começos e ideias descartadas.*[4]

O mesmo acontece com líderes organizacionais. Os competentes tocam as notas certas, mas os grandes líderes se distinguem pela extensão de sua imaginação e pela forma como definem estratégias para as possibilidades, moldam o esboço de ideias, se adaptam e se ajustam no meio do caminho e resolvem tensões organizacionais. Ambos também enfrentam o mesmo paradoxo fundamental: o excesso de confiança nos padrões aprendidos (raciocínio habitual ou automático) tende a limitar a capacidade de correr riscos, necessária para o crescimento criativo, assim como o excesso de regulação e controle restringe o intercâmbio de ideias. Para "obter um groove" – uma levada comum em uma batida estabelecida –, músicos e líderes de organizações precisam abrir mão de certo grau de controle e se render ao fluxo.

O saxofonista Steve Lacy falava sobre jazz quando descreveu a emoção e o perigo inerentes que vêm com a improvisação, mas poderia facilmente estar descrevendo também a corrida empresarial que resulta de se aventurar em novos negócios e territórios:

Há uma originalidade e certa qualidade que só podem ser obtidas pela improvisação... Tem um pouco a ver com estar sempre à beira do "abismo" e pronto para se lançar. E quando você salta, tem na bagagem todos os anos de preparação, toda a sensibilidade e os meios, mas, ainda assim, é um salto rumo ao desconhecido.[5]

Estar "à beira do desconhecido", do "abismo", e saltar é uma experiência comum a todos que aceitam correr riscos em nome da inovação. A experiência é ao mesmo tempo estimulante e aterrorizante.

Em uma entrevista, em 2007, Steve Jobs falou sobre o risco implícito em inovações utilizando palavras que ecoam as dos jazzistas. Ao falar sobre seu desafio na Apple na época, afirmou: "Há muitos riscos no momento. Se pelo menos fosse possível prever o que vai acontecer e dizer: 'sim, isso pode vir a ser muito importante' – mas há um período de risco pelo fato de ser algo inédito." O interessante é que Jobs mencionou o mesmo dilema que os improvisadores de jazz enfrentam. Você analisa o que pode acontecer e sabe que há riscos. Mas, em algum momento, tem de dizer sim, e Jobs acrescenta seu singular entusiasmo – "pode vir a ser muito importante". Em seguida, o entrevistador perguntou se ele poderia dar um exemplo de um produto que envolvesse algum tipo de risco e que pudesse gerar muitos benefícios, mas sobre o qual ele não tivesse qualquer garantia. Jobs teve o cuidado de não divulgar o que tinha em mente porque estava vivenciando o arriscado "sim" naquele momento. Em vez disso, respondeu que tinha um exemplo, mas que "não podia revelar" no momento.

Na verdade, agora sabemos que Jobs se referia ao desenvolvimento do iPad, mas, naquela época, não havia qualquer garantia de que o iPad fosse ter sucesso – qualquer maneira de saber se seria um "importante" sucesso comercial ou um fracasso, como o Apple Newton. Jobs estava fazendo o que jazzistas fazem o tempo todo: vivendo, agindo diante do desconhecido e aproveitando cada minuto. Como disse ao entrevistador: "Quando você se sente assim, é ótimo. É isso o que nos faz continuar indo para o trabalho pela manhã e diz que você vai encontrar algo interessante ao virar a esquina."[6]

Nesse mesmo espírito, o historiador de jazz Ted Gioia pede aos leitores para imaginarem como seria para outros ícones, de outras formas de arte, trabalhar sob as mesmas condições que os jazzistas:

Imagine T.S. Eliot realizando saraus de poesia todas as noites, nos quais, em vez de recitar obras definidas, tivesse de criar poemas improvisados – diferentes a cada noite, às vezes recitados rapidamente; imagine dar a Hitchcock ou Fellini uma câmera portátil e pedir que filmem algo, qualquer coisa – naquele exato momento, sem a vantagem de ter um roteiro, equipe, edição ou trilha; imagine Matisse ou Dali realizando exibições noturnas de suas habilidades – nas quais o público pagante poderia vê-los pintando quadro após quadro, muitas vezes dedicando apenas dois ou três minutos a cada "obra-prima".[7]

Imagine, por outro lado, o CEO de um gigante do petróleo mundial tendo de reagir às pressas a uma explosão fatal e um desastre ambiental crescente sem praticamente nenhum roteiro, nenhuma solução infalível para o poço que explodiu e nenhuma ideia de quando ou onde o estrago pode parar. Tony Hayward poderia muito bem ter se beneficiado de algumas noites de improvisação.

Weick tem uma história favorita para transmitir essa ideia de improvisação como uma estimulante combinação (e, às vezes, aterrorizante) entre exploração, experimentação constante e brincadeira com o desconhecido (muitas vezes, incompreensível). Um grupo de soldados húngaros estava caminhando pelos Alpes quando se perdeu. Depois de vagar durante dias, alguns haviam perdido as esperanças de serem encontrados, outros estavam resignados a morrer. Até que um dos soldados encontrou um mapa no bolso do casaco, que usou para ajudar os colegas a se orientarem e se sentirem confiantes de que estavam na direção certa. De fato, o grupo acabou voltando para casa em segurança. Só então perceberam que o mapa que tinha salvado suas vidas era dos Pirineus, não dos Alpes.

Para Weick, a história mostra que não se deve confiar totalmente em planos estratégicos, pois, quando se está perdido e enfrentando uma situação radicalmente desconhecida, "qualquer mapa antigo vai servir" – ou seja, qualquer plano vai funcionar porque o transformará em aprendiz ao ajudá-lo a agir e se aventurar conscientemente pelo desconhecido. Basta dar alguns passos e, em seguida, novos caminhos surgirão conforme você vai descobrindo o que fazer em seguida. A existência do mapa ajudou os soldados a se tornarem aprendizes exatamente *porque* eram capazes de experimentar; a cada tentativa de seguir um caminho, comparavam o próprio progresso com o mapa, e essa comparação aumentou sua conscientização. Foram capazes de enxergar mais características da paisagem que talvez não tivessem percebido antes. O mapa dos Pirineus mostrava uma cordilheira diferente, mas serviu para orientá-los e lhes proporcionou a temporária sensação de confiança de que havia estrutura suficiente em meio ao caos e a crença de que, se começassem a trilhar um caminho, acabariam encontrando a saída para o dilema. Agir os transformou em aprendizes. Em suma: aja primeiro "como se" fosse funcionar; preste atenção ao que surgir; aventure-se; e entenda depois.

O poeta romântico inglês John Keats havia chegado à mesma conclusão quando elogiou Shakespeare por sua "capacidade negativa" – a capacidade "de estar em meio a incertezas, mistérios, dúvidas, sem ter de alcançar impetuosamente qualquer fato ou razão". O colega de Keats e também poeta romântico Samuel Taylor Coleridge escreveu sobre o que chamava de "suspensão voluntária da descrença", que permite que os leitores mergulhem inteiramente em uma narrativa fantástica. Ambos os conceitos compartilham a natureza fundamental da improvisação:

às vezes, liderar significa abrir mão do sonho da certeza, lançar-se, agir primeiro e depois refletir sobre o impacto da ação.

Certa vez, fui convidado para tocar em um clube em Cleveland com um quarteto de jazz cujos componentes eu não conhecia, inclusive um cantor que eu nunca havia acompanhado. Começaram a tocar uma difícil melodia de bebop e, depois de alguns compassos, ficou evidente que o cantor não conhecia muito bem a canção e ficou desorientado. O que fazer? Os músicos pareciam confusos, alguns desistiram e lançaram olhares indagadores uns aos outros. O baterista e o baixista continuaram, mas estavam nitidamente prestes a parar. Fiquei aterrorizado e, por alguns instantes, congelei. Por isso, comecei a tocar algumas notas, trazendo a melodia para o tom original. O saxofonista e o baixista ouviram o que eu estava fazendo e voltaram a tocar. O cantor pegou a melodia e começou a segui-la, inventando novas palavras. Em alguns segundos, estávamos todos na mesma levada novamente.

Isso é a capacidade negativa de Keats em ação, mas também serve como boa lição para líderes, principalmente quando os problemas começam a surgir e é impossível ter informações suficientes para desenvolver um plano inteiramente coerente. Faça o mesmo que os jazzistas. Faça o mesmo que Shakespeare. Aja e preste atenção ao que vai se revelando.

Durante décadas, acreditou-se que Administração fosse a arte de planejar, organizar, decidir e controlar. Mas o planejamento da necessidade se torna pouco confiável à medida que o ambiente fica cada vez mais imprevisível e instável; a organização parece bem diferente sob a perspectiva da inovação de fonte aberta; a decisão é mais um produto de contínuos intercâmbios relacionais que uma conclusão racional e dedutiva; além disso, o controle parece impossível em um mundo de redes. O que precisamos acrescentar à nossa lista de habilidades administrativas é a improvisação – a arte de se ajustar, se adaptar, aprender por tentativa e erro, inventar respostas *ad hoc* e fazer descobertas ao longo do caminho.

Uma história popular que costuma ser associada à liderança diz que os líderes dominam as habilidades e ferramentas relacionadas com a estratégia (como análise financeira e de mercado) da mesma forma que as pessoas aprendem a fazer música dominando escalas, arpejos e outros exercícios. As faculdades de Administração reforçam esse modelo e, às vezes, tratam o aprendizado como se o conhecimento fosse transferido entre cérebros – o que Paulo Freire chama de "concepção bancária da educação". Nessa visão, o conhecimento seria uma moeda depositada primeiro em nossa cabeça, depois agregada e separada em grupos diferentes que podem ser transferidos, acumulados e consumidos.

No entanto, no mundo dinâmico de hoje, desaprender rapidamente antigos hábitos, rotinas e estratégias pode ser tão importante quanto aprendê-los. A GE é um bom exemplo. Até a crise financeira que começou em 2007, a empresa estava convencida de que seu braço financeiro, a GE Capital, era a galinha dos ovos de ouro. A GE Capital não só era altamente lucrativa, mas também quase não exigia novos investimentos de capital, como fábricas, para se manter. Veio então a crise, e os ovos de ouro apodreceram do dia para a noite. De uma hora para a outra, a classificação de crédito da GE, antes AAA, foi rebaixada, e a empresa teve de reduzir dividendos pela primeira vez desde a época da Grande Depressão, mesmo com a ajuda de Warren Buffett, que injetou US$3 bilhões.

Hoje, a GE foca o que costumava fazer tão bem no passado – fabricar bens de consumo, desde lâmpadas a motores a jato, não apenas conceder empréstimos. Mas o CEO e presidente do conselho, Jeffrey Immelt, também está ajudando a nova geração de líderes da empresa a desaprender velhos hábitos, fazendo-os estudar e passar um tempo em organizações diversificadas, como a Google e a United States Militar Academy (Academia Militar dos Estados Unidos), em West Point – a Google, pelo seu "empreendedorismo constante", como declarou Immelt ao *New York Times*, e a academia de West Point por sua "adaptabilidade" e "resiliência" diante de circunstâncias altamente dinâmicas e mutáveis.[8]

Às vezes, é em meio aos colapsos e crises que a aprendizagem surge com maior intensidade. Quando há um colapso, os gerentes precisam fazer o mesmo que os jazzistas – abandonar a rotina e reagir naquele instante. Diante da crise, os líderes em geral reagem instintivamente, às vezes descobrindo habilidades que não conheciam e soluções que nunca haviam imaginado.

A caminho de dizer "sim" – abandonando rotinas

Durante a época do ensino médio e da faculdade, eu tinha uma série de ídolos no jazz, a começar pelo pianista Oscar Peterson. Peterson tinha suingue de verdade, e tocava harmonias complexas e "licks" ultrarrápidos – além disso, tinha a magnífica técnica de pianista de concerto. Eu ouvia suas gravações durante horas, maravilhado com a perfeição de seu trabalho. Mais tarde, quando comecei a tocar profissionalmente, fiquei chocado ao saber que, entre os jazzistas, Peterson não era tão admirado assim. Segundo um de meus amigos: "Ele tem suingue, mas é perfeito demais." O que ele quis dizer, vim a compreender depois, era que, apesar de Peterson dominar as frases musicais limpas e perfeitas, sua marca registrada, muitas vezes a uma velocidade de tirar o fôlego, seus licks, isto é, seus padrões melódicos, variavam pouco, quando muito, de um compasso a outro.

Na verdade, Peterson estava dizendo "sim à desordem" praticamente toda vez que se sentava ao piano, utilizando frases musicais de efeito, que se tornaram clichês, até que o próprio ato de tocar se tornou programático. Os sons límpidos estavam ali, sua famosa pirotecnia, mas não havia a luta que acompanha a improvisação, a vontade de se aventurar pelo desconhecido. Como disse certa vez o compositor e pianista Keith Jarrett, em palavras que se aplicam igualmente ao jazz e aos negócios: "A música é uma luta. Você tem de querer lutar. E os líderes, em geral, são vítimas da liberdade de não lutar. E isso é o fim. Esqueça!"[9]

Se no jazz existe um anti-Peterson, essa pessoa pode ser o saxofonista Sonny Rollins. Muitos consideram Rollins o maior improvisador vivo. Ele corre riscos e experimenta novos estilos, sempre indo além das próprias limitações. Entre os músicos, Rollins é quase tão famoso por seus erros quanto pelas inovações "bem-sucedidas" – experimentações arriscadas que já deram extremamente errado, de maneiras que envergonhariam a maioria dos músicos. Ronnie Scott, também saxofonista, comparou os solos perfeitos pré-ensaiados de Peterson com a atitude destemida de Rollins, que tenta transformar os materiais harmônicos e melódicos que a música apresenta:

Oscar Peterson é um artista muito refinado, tecnicamente impecável, que – espero que ele não se incomode por eu dizer isso – apresenta essas coisas fantásticas que ele aperfeiçoou e, realmente, faz performances notáveis. Por outro lado, Sonny Rollins pode ser decepcionante um dia, depois, em outra noite, ele pode tirar seu fôlego, com seu tipo de imaginação e assim por diante. E cada noite seria diferente com Rollins.[10]

O profundo compromisso de Rollins de se manter aberto e receptivo o conduziu a alguns atalhos incomuns. Durante toda a década de 1950, ele foi um jazzista conhecido e bem-sucedido, tocando e gravando com grandes artistas, como Miles Davis, Thelonious Monk, John Coltrane, Clifford Brown, Max Roach e Art Blakey. Entretanto, em 1959, Rollins misteriosamente parou de tocar. Circularam boatos de que ele estava doente ou talvez dependente de drogas, mas, na verdade, ele parou de tocar porque cansara de se ouvir tocando as mesmas frases musicais e licks, solo após solo.

Rollins queria se livrar do hábito de tocar o de sempre; sendo assim, durante três anos, ele ia a Williamsburg Bridge, perto de sua casa, no Lower East Side de Manhattan, encontrava um lugar debaixo da ponte onde pudesse ficar sozinho e tocava saxofone. Sempre que ouvia uma frase musical que soasse repetitiva, ele parava, esperava um pouco e depois tocava algo que nunca tivesse ouvido antes. Passados três anos, ele gravou um álbum com Jim Hall na guitarra, Bob Cranshaw no baixo e Ben Riley na bateria, e dedicou o álbum ao local encontrado para se reinventar. O título do disco é, apenas, *The Bridge*.

No começo, *The Bridge* não foi bem recebido pelos críticos, em parte porque o som era absolutamente diferente de seu estilo habitual. Hoje, é considerado um clássico – é um dos 10 álbuns de jazz mais importantes na lista de maior parte dos críticos. Rollins diz sobre sua forma de abordar sua arte:

> *Assim que me ouço tocando uma melodia familiar, afasto a boca do instrumento. Espero um pouco. Improvisar significa começar do zero, desde a primeira nota... o mais importante é ficar longe de padrões fixos.*[11]

O esforço de Rollins em desaprender suas rotinas bem-sucedidas foi uma iniciativa positiva. Ele estava abrindo mão do conhecido e confortável a fim de acolher novas possibilidades e oportunidades. Um quarto de século mais tarde, Andy Grove, da Intel, fez praticamente o mesmo.

Diz-se que foi Grove quem conduziu a Intel, de forma engenhosa, estratégica e deliberada, para o setor de microprocessadores, mas, como o próprio Grove contou em sua autobiografia, a história verdadeira é bem diferente.[12] O sucesso da Intel se deve, em grande parte, ao fato de a alta equipe de liderança ter dito sim à desordem.

A Intel é conhecida hoje por seus microprocessadores, mas, durante muito tempo, o sucesso da empresa se baseou na tecnologia DRAM (dynamic random access memory – memória dinâmica de acesso aleatório) e, em meados da década de 1980, a concorrência da memória DRAM japonesa corroía os lucros da Intel, que baixaram de US$198 milhões em 1984 para menos de US$2 milhões em 1985. Olhando para trás, o moral da história parece óbvio: encontrar outro território para conquistar. Mas a Intel, nas palavras de Kierkegaard, estava "olhando para o futuro", e os cientistas, tecnólogos, equipe de vendas e até os consumidores da Intel estavam tão familiarizados com os processos existentes que não conseguiam imaginar a Intel *sem* o foco na memória DRAM.

Também não havia uma solução nova que se apresentasse prontamente. O progresso inicial da Intel em microprocessadores estava entre o acidental e o clandestino. Um gerente da empresa inventou o microprocessador sem querer, enquanto desenvolvia tecnologia para uma calculadora, mas os estrategistas de lá quase não notaram o potencial de mercado da descoberta, embora os microprocessadores fossem muito lucrativos. A zona de conforto das experiências anteriores da empresa era tão poderosa que continuou a dominar a realidade externa, até que, finalmente, Grove teve seu momento de "desaprendizado".

Como Grove narra em *Só os paranoicos sobrevivem* (Campus/Elsevier), "olhei pela janela, para a roda-gigante do parque de diversões Great America, girando ao longe, quando me virei para Gordon [Moore], [cofundador da Intel] e perguntei: 'E se fôssemos demitidos, e o Conselho elegesse um novo CEO, o que você acha que ele faria?' Gordon respondeu, sem hesitar: 'Ele nos libertaria de nossas lembranças.' Olhei para ele, paralisado, e disse: 'Por que você e eu não vamos embora, voltamos e fazemos isso por conta própria?'"[13] E assim nascia o famoso primeiro passo de Grove para atacar problemas difíceis: "Deixem de lado tudo o que conhecem."

"Bem-vindos à nova Intel", Grove anunciou em um discurso, pouco tempo depois. A Intel deixou de ser uma empresa que produz chips de memória para se tornar uma empresa que se concentra em microprocessadores, iniciativa que rapidamente se tornou bastante lucrativa. Mas, para chegar lá, ele e Moore tiveram de deixar de lado os hábitos que haviam sido o segredo do sucesso no passado. Somente ao desaprender os velhos hábitos, puderam se abrir a novas oportunidades e ver o potencial chegar de uma direção inesperada. Para desenvolver a capacidade dinâmica que levaria a empresa adiante, precisaram se libertar, o que os jazzistas constantemente tentam fazer.

"Ajoelhem-se"

No dia 3 de abril de 2003, durante as primeiras semanas da Guerra do Iraque, o tenente-coronel Chris Hughes conduzia o 101º Batalhão dos Estados Unidos a volátil Najaf, em uma fundamental missão confidencial para encontrar o grão-aiatolá Ali al-Sistani, que residia na mesquita – o terceiro lugar mais sagrado para os muçulmanos xiitas, pois se trata da Mesquita Imam Ali. Só isso já tornava a missão confidencial, mas o alto clérigo xiita também era fundamental para estabelecer bons relacionamentos com os iraquianos. Ele havia incentivado os muçulmanos a permanecerem calmos e cooperarem com as forças dos Estados Unidos, e agora pedia proteção ao exército americano, razão imediata para a missão do 101º Batalhão.

Infelizmente, à medida que o batalhão se aproximava da mesquita, começaram a circular boatos de que os americanos pretendiam prender o clérigo e destruir o local sagrado. Com isso, os aldeões iraquianos se voltaram repentinamente contra as tropas americanas. De fato, em uma fração de segundo, a situação mudou drasticamente. Agora Hughes e os homens sob seu comando enfrentavam uma posição hostil em um território altamente incerto. Os soldados ficaram tensos à medida que uma multidão cada vez maior começou a cercá-los. "Pareciam estar se rebelando do nada, mas foi uma reviravolta totalmente intencional", disse Hughes depois. "Se alguém atirasse para o ar, haveria algum tipo de massacre."

"Sorriam!", ordenou às tropas, enquanto uma câmera da CBS News registrava a cena. "Não apontem as armas a eles. Ajoelhem-se! Relaxem!" A ordem para "ajoelharem" pareceu lhe dar mais tempo, portanto Hughes continuou, ordenou que seus homens se retirassem e, de repente, a situação mudou mais uma vez, e a boa vontade foi restaurada.

O repórter Dan Baum mais tarde entrevistou Hughes para um relato da *New Yorker* sobre o incidente.[14] Onde ele aprendera essa estratégia?, perguntou Baum. Como ele sabia que apontar o próprio rifle para o chão e ordenar que seus homens se ajoelhassem poderia domar a multidão? Em lugar nenhum, respondeu Hughes. Decidiu adotar a medida ali, no ato, com o desenrolar dos acontecimentos.

À primeira vista, a resposta de Hughes parece se alinhar à crença popular de que os jazzistas são artistas de espírito e formas livres. Mas, na verdade, sua resposta segue a natureza mais profunda da forma de arte. Os manuais de treinamento militar dos Estados Unidos geralmente ensinam duas reações-padrão para situações como a que Hughes e o 101º Batalhão enfrentaram: usar hélices de helicóptero para deter a multidão enfurecida ou atirar para cima, em sinal de alerta. O último passo do treinamento é a solução final: atirar para matar. Portanto, quando Hughes ordenou que seus homens "se ajoelhassem e sorrissem", estava, de fato, improvisando. Mas sua solução foi também o resultado do implacável aprendizado e de uma imaginação disciplinada que, em um instante, levou em consideração a complexa dinâmica tribal que todas as tropas estrangeiras enfrentavam no Iraque. Hughes dispensou as regras, sem dúvida, mas não o compromisso e desejo mais profundos de expressar respeito para com os iraquianos. Mesmo sob a intensa pressão do momento, ele conseguiu se manter totalmente envolvido com os detalhes *e* na situação. Foi isso que fez a diferença e, em poucas palavras, isso é jazz da melhor qualidade.

Este livro questiona os e nossas crenças a respeito da liderança. Muitas vezes, pressupõe-se que, sem uma direção definida, os grupos se tornam caóticos ou indisciplinados. O que estamos aprendendo, no entanto, é que, mesmo sem uma orientação externa ou um plano definido, um sistema pode se auto-organizar e produzir resultados ainda mais eficientes e eficazes. Pense na diferença entre este modelo e o que aprendemos. Aprendemos que sistemas sociais precisam de hierarquia para funcionar e se ajustar. Entretanto, quando aves migram, quando cidades se formam e se expandem, não existe uma força controladora distinta. *Indivíduos agem de forma imprevisível e, ainda assim, surge uma organização coerente e produtiva. Exatamente como no jazz.* A mensagem instiga: um sistema emergente é mais inteligente que cada um de seus membros. E os sistemas se tornam mais inteligentes com o passar do tempo. A mentalidade do jazz reconhece a coerência emergente no meio do fluxo constante.

Quais são as implicações para a liderança em um sistema de controle distribuído e descentralizado? Como alguém lidera o "caos estruturado"?

Qual é o papel do líder na criação de um grupo? Os líderes muitas vezes têm de agir sem estar totalmente conscientes das consequências de seus atos, até mesmo sem a plena articulação do que pode ser o plano ou o que pode mudar ao longo do caminho. Essa é a vida organizacional no século XXI. Muitas vezes, só depois de iniciada a ação, os objetivos e preferências são descobertos e, somente em análises retrospectivas, compreendemos o que motivou nossos julgamentos e ações. O jazz lida o tempo todo com a repetição de um tema. Neste livro, apresento os princípios do jazz para ajudar executivos, administradores e líderes, em qualquer contexto, a melhorar seu desempenho, mostrando-lhes como se renovar e ir além do esperado.

CAPÍTULO 2

"Sim à desordem"
Desenvolvendo a competência afirmativa

Todos nós conhecemos a desordem e sabemos que é um problema e tanto: prejudica os trabalhos, retarda o andamento e deforma nossos registros – corporativos e pessoais –, com feias manchas negras. Não é de admirar que o primeiro impulso de um gerente seja o de se resguardar atentamente contra a desordem: eliminá-la, se possível, e organizá-la prontamente quando acontece, muitas vezes se livrando dos responsáveis pela situação. É difícil abandonar esse hábito de fazer faxina, mas veja o exemplo da Amazon.com. Em 2006, a empresa lançou o Unbox, serviço de download de vídeos que, depois de uma semana, foi declarado um "fracasso total e absoluto". O Unbox levava até 7 horas para baixar um filme de 90 minutos e, depois de baixado, o filme não podia ser exibido em qualquer outro dispositivo. E como se já não fosse ruim o bastante, o player da Amazon reiniciava sozinho intermitentemente!

Essa era, sem dúvida, uma desordem sob vários aspectos, e qualquer um pode imaginar que a equipe por trás do desenvolvimento do Unbox estava em apuros. No entanto, o CEO da Amazon, Jeff Bezos, adotou uma abordagem diferente. "O que permite que todas as equipes se unam depois de um fracasso é o reconhecimento de que é apenas um fracasso inicial [do projeto]", refletiu Bezos depois. "Se formos obstinados, teremos energia para buscar [outra] abordagem."[1]

O fundador e CEO da Amazon estava agindo como os jazzistas, desde o surgimento dessa forma de arte: dizendo sim à desordem, aprendendo ao longo do caminho, rejeitando o comportamento habitual e um resultado previsível em favor da experimentação e do progresso. Essa não é uma história sobre crescimento linear ou tangencial por meio de aquisições. Trata-se de uma história sobre tomar atitudes, rever hipóteses, valorizar o aprendizado resultante dos fracassos, tentar novamente e descobrir ao longo do percurso, com confiança subjacente na competência do grupo.

Quando Bezos chamou o Unbox de "apenas o fracasso inicial", estava defendendo basicamente a mentalidade de improvisação. Ecoou novamente a ética do jazz quando falou sobre o fracasso do lançamento: *"Se você só se aventurar em áreas nas quais suas habilidades forem suficientes, elas se tornarão obsoletas."* Jazzistas e líderes empresariais precisam constantemente questionar rotinas e experimentar novas abordagens. Só correndo riscos poderão expandir seu repertório de ações, atualizar conhecimento e renovar antigas habilidades.

A Herman Miller – fabricante de móveis de escritório de alta qualidade de Michigan, como as cadeiras Equa e Aeron, além de inventora das baias de escritório – aparece sistematicamente como uma das "empresas mais admiradas" da revista *Fortune*, e por uma boa causa. A partir do início da década de 1990, a empresa se comprometeu a promover a sustentabilidade. Desde então, tem monitorado todos os produtos químicos utilizados em cada um de seus produtos, como forma de eliminar substâncias nocivas de toda a cadeia de produção. Energias renováveis e materiais reciclados e recicláveis também estão no topo da lista da Herman Miller. Fiel a esses esforços, a empresa contratou, em 1993, o arquiteto William McDonough para projetar uma fábrica "verde".

O projeto de McDonough faz uso eficiente de recursos como energia e água, além de reduzir o desperdício e a poluição para diminuir o impacto no meio ambiente. Como espécie de prêmio por seus esforços, McDonough cobriu o edifício Holland, em Michigan, com um inovador telhado "verde", de terra, vegetais e flores. São muitos os benefícios do telhado vivo: diminuição da temperatura no verão e retenção de calor no inverno, redução do escoamento de água pluvial, filtragem do dióxido de carbono do ar e isolamento acústico do prédio. Mas o inovador telhado de McDonough também teve uma consequência involuntária.

Pouco depois de o prédio ficar pronto, grandes colônias de vespas agressivas começaram a viver na vegetação, o que deixou os executivos da empresa em um dilema – como se livrar das vespas desagradáveis e potencialmente perigosas. O método convencional é a utilização de pesticidas, mas ia de encontro à ideologia verde. Assim, alguém teve uma ideia brilhante: a Herman Miller importou 600 mil abelhas em 12 colmeias e as colocou sobre as terras do telhado. As vespas acabaram obrigadas a ir embora. As abelhas começaram a fazer polinização cruzada nos campos ao redor, espalhando flores silvestres e enchendo as colmeias com mel, o que levou a um segundo dilema, muito mais doce – o que fazer com todo esse novo produto. Foi então que alguém teve outra ideia brilhante: engarrafá-lo. Agora, os visitantes da fábrica ganham um presente apenas por ir até lá – uma garrafa com 120 mililitros do mel Herman Miller, extraído diretamente do telhado.

O filósofo Søren Kierkegaard escreveu que a vida se compreende mediante o retorno ao passado, mas só se vive adiante. A experiência da Herman Miller com o telhado verde é um bom exemplo. Em retrospecto, é fácil ver como a empresa encontrou uma solução que, mais tarde, fortaleceu sua reputação de empresa com visão de futuro e uma consciência social bem desenvolvida. Ao se viver adiante, no entanto, a história fica bem mais complicada.

Os executivos devem ter previsto alguns desafios passariam despercebidos em relação a esse projeto específico do edifício, mas quando perceberam que haviam criado um ninho de vespas agressivas, aposto que vários ficaram surpresos, até mesmo irritados, e prontos para recorrer à solução típica mais próxima – uma forte dose de pesticida, mesmo que isso frustrasse o propósito original de criar uma fábrica verde. Em vez disso, a empresa imergiu ainda mais na desordem, importando 12 colmeias de 600 mil abelhas para neutralizar as vespas. O fracasso, nesse momento, poderia ter deixado a empresa com um grande problema nas mãos – vespas ainda mais agressivas e, potencialmente, meio milhão de abelhas voando por toda parte –, e o fracasso era sempre uma possibilidade. As abelhas geralmente são eficazes contra vespas, mas tratava-se de um microambiente em um telhado não testado, onde tudo poderia acontecer. Mas o experimento funcionou, e a empresa obteve um saldo positivo com a ideia de engarrafar o mel para dar de presente, como gesto de gentileza – e como lembrete do compromisso com a sustentabilidade – a milhares de visitantes. Isso não é apenas dizer sim à desordem; é uma mentalidade implacável e afirmativa, exatamente do que os jazzistas mais precisam.

Eles pressupõem que, por mais incoerente ou imprevisível que a situação pareça, sempre vão encontrar uma saída positiva, alguma possibilidade criativa a descobrir e explorar. Sem essa mentalidade (um viés de positividade), teriam problemas para se apresentar porque, até pela própria natureza dessa forma de arte, estão em meio à desordem o tempo todo. Os jazzistas não podem parar no meio de uma apresentação para resolver um problema, colocar as situações em ordem ou dizer para os outros músicos: "Não gosto dessas notas que você tocou; não são o que eu tinha em mente. Vamos voltar e fazer tudo de novo." A principal razão pela qual a improvisação funciona é que os músicos dizem "sim" implicitamente uns aos outros. Como os gerentes da Herman Miller, que encontraram maneiras de se livrar de vespas *e* produzir mel, os jazzistas são bem-sucedidos porque acreditam que qualquer situação tem o potencial de levá-los em direções inovadoras.

Como beira o caos e a incoerência, a improvisação do jazz levanta a questão de como a ordem surge. Ao contrário de outras formas de arte e de atividade empresarial, que tentam contar com um plano de desenvolvimento, a improvisação é amplamente aberta à transformação, ao redirecionamento e mudanças sem precedentes. Como que não podemos confiar em projetos ou ter certeza de que rumo a música tomará, só podemos fazer suposições e prever possíveis caminhos com base no que já aconteceu. Como disse o crítico de jazz Ted Gioia: "O improvisador talvez não seja capaz de prever o que vai tocar, mas pode olhar para trás e ver o que acabou de tocar; assim, cada nova frase musical pode ser moldada de acordo com o que veio antes. Ele cria sua forma *retrospectivamente* [grifo nosso]."[2]

Um jazzista pode começar tocando quase toda uma série aleatória de notas, com pouca ou nenhuma intenção de saber como vai se desenrolar. Essas notas se tornam o material a ser moldado e trabalhado, como peças de um quebra-cabeça. Em seguida, o improvisador inicia um diálogo com o material: seleções prévias começam a moldar as seleções seguintes, à medida que temas são alinhados e reformulados em relação aos padrões anteriores.

De certa forma, uma improvisação de jazz é muito semelhante à bricolagem (do francês, *bricolage*), a arte de usar o que estiver à mão. O antropólogo Claude Lévi-Strauss cunhou o termo "bricolagem"; aqueles que a praticam são *bricoleurs* (faz-tudo). Eles mexem com uma infinidade de materiais diferentes e juntam coisas aparentemente não relacionadas, criando uma aparência de ordem. São colecionadores de entulho que produzem ordem a partir do caos. Os *bricoleurs* e os jazzistas examinam e pesquisam as matérias-primas disponíveis, atraindo a ordem e criando combinações únicas, enquanto trabalham com os recursos que possuem.

Lembro-me da história de um homem do norte do estado de Nova York que acumulava entulho no jardim. Para os vizinhos e para qualquer um que visse a bagunça, parecia uma coleção infinita de sucata – partes desencontradas de equipamentos, molas e pneus velhos. No entanto, ele conseguia "enxergar" ordem em meio ao entulho. Nessa pilha, ele conseguiu enxergar ordem e construiu um trator feito de sucata. Isso é bricolagem. Assim como esse *bricoleur* presumiu que deveria haver um trator em algum lugar da pilha de sucata, no jazz, o improvisador presume que há uma melodia a ser trabalhada em meio à bagunça de ritmos e acordes. Conforme novas frases ou acordes vão sendo tocados, o improvisador faz conexões entre o material novo e o antigo. Na ausência de um plano racional, a compreensão retrospectiva confere uma inevitabilidade aparentemente intencional e coerente ao que é, na verdade, uma ação espontânea.[3]

Os comediantes adeptos do improviso têm uma frase pronta que capta isso: "sim, e…" Quando dois improvisadores trabalham juntos (pense no antigo programa de Drew Carey, "Whose Line Is It Anyway?"), oferecem deixas contínuas e improvisadas um ao outro. A responsabilidade do outro ator é aceitar a deixa improvisada e melhorá-la.[4] De maneira análoga, o improvisador de jazz assiste de perto o que está acontecendo, enxergando o potencial para florear temas, associando o conhecido a novas expressões e ajustando as deixas musicais imprevistas que reformulam materiais anteriores. Nessa troca contínua, cada interpretação tem implicações para o rumo a ser tomado. A improvisação de jazz envolve atenção constante a esses "sim, e…" em forma de deixas musicais. Há sempre uma obrigação de relembrar o que aconteceu e estendê-lo.

As organizações tendem a esquecer a quantidade de improvisação e bricolagem necessária aos gerentes para executar as tarefas diárias. Na tentativa de controlar resultados e eliminar a necessidade de trabalho especializado em determinados setores, elas muitas vezes tentam desmembrar trabalhos complexos em descrições formais de procedimentos que as pessoas possam seguir automaticamente. Em um mundo perfeitamente racional, essa estratégia faz todo sentido, mas raramente é a maneira como o trabalho é executado. Muitas – talvez a maioria – das tarefas em empresas são indeterminadas, realizadas por pessoas com visão limitada. Para cumprir seus deveres, os empregados precisam aplicar os próprios talento, inteligência e pragmatismo. Experimentam diversas possibilidades, as recombinam e reorganizam para encontrar soluções, relacionando o dilema que enfrentam ao contexto familiar que o precedeu.

Veja o estudo do treinamento da Xerox para representantes de serviço técnico. Na tentativa de reduzir a necessidade de trabalho especializado para o conserto de uma máquina, os instrutores tentaram documentar todos os problemas que poderiam ocorrer em uma copiadora, para que, quando os técnicos chegassem para consertá-la, precisassem apenas procurar no manual, seguir uma árvore de decisões predeterminadas e executar uma série de testes que estabeleceriam o procedimento de reparo. A premissa era que eles pudessem organizar uma sequência de diagnósticos para responder aos problemas previsíveis da máquina. No entanto, o estudo revelou que nenhuma documentação conseguiria incluir informação contextual suficiente para dar conta de cada problema.

Julian Orr relata a história de um técnico que precisou lidar com uma máquina cujos códigos de erros e defeitos não eram congruentes com o plano do diagnóstico.[5] Nada semelhante fora documentado ou abordado no treinamento, e tanto o representante original quanto o especialista técnico chamado para ajudar estavam confusos. Abrir mão do esforço de fazer o reparo e substituir a máquina teria sido uma solução, mas seria motivo de vergonha perante o cliente – um curso de ação inaceitável. Depois de esgotar as abordagens sugeridas pelo diagnóstico, tentaram entender essa anomalia, associando-a a experiências e relatos anteriores. Finalmente, depois de uma sessão de cinco horas de tentativas e erros, chegaram a uma solução.[6]

O mesmo acontece com muitos trabalhos em empresas. Eles exigem bricolagem – remexer, experimentar e remendar a compreensão dos problemas com experiências prévias, improvisando com os materiais disponíveis. Poucos problemas oferecem suas próprias soluções definitivas.

A data era 11 de janeiro de 1980. Eu havia acabado de entrar para a Tommy Dorsey Band, sob a direção de Buddy Morrow, e, mesmo depois de duas semanas de trabalho, eu ainda estava tendo dificuldades. Eu não sabia ler partituras e vinha enrolando em muitos compassos. Morrow teria me substituído num piscar de olhos, mas estávamos no meio de uma longa turnê, e é difícil conseguir um pianista às pressas. Nessa sexta-feira à noite, em especial, estávamos fazendo um show no Omni, em Houston, dividindo o palco com Count Basie e banda. A arena estava cheia, e o local era enorme, com uma multidão esperada de 5 mil pessoas. Acho que foi o dia em que fiquei mais nervoso na vida.

No meio da apresentação, a "cozinha", como são chamados, no jargão musical, os instrumentos de base – piano, baixo e bateria – deveria tocar uma música com a participação de um jovem clarinetista chamado Ken Peplowski, que viria a se tornar um grande astro da Concord Records. Havíamos tocado juntos em Cleveland, logo, eu o conhecia, mas a cozinha ainda estava se entrosando, e foi aí que o problema começou. Tínhamos acabado de chegar à parte da música na qual deveríamos parar para o solo de Peplowski, mas, de alguma maneira, os sinais se misturaram e, de repente, era eu quem estava solando. Lembro-me de olhar surpreso para Peplowski, que ergueu uma sobrancelha e disse: "Vai, é com você." Tudo que consegui pensar no momento foi: "Ai, meu Deus!"

Eu não tinha muitas opções. Estava relativamente familiarizado com a música, mas nunca a havia solado, então baixei a cabeça e toquei uma série de notas aleatórias. Não havia baterista nem baixista. Apenas eu ao piano. Suando e ansioso, sentindo que aqueles 10 mil olhos do público estavam voltados para mim, repeti as notas aleatórias, dessa vez acrescentando acordes com a mão esquerda, enquanto mantinha o ritmo e dizia a mim mesmo: "Continue tocando, vai sair alguma coisa boa dessas notas." E logo eu havia usado essas notas para desenvolver um tema – repetindo, estendendo, modificando e inventando completamente enquanto tocava. Eu disse sim à desordem em que estava e continuei solando.

Por motivos que ainda não sei explicar, toquei duas estrofes. Tenho uma gravação dessa apresentação e, quando a escuto, ainda gargalho. Estava inspirado e, francamente, me arrisquei, mas, além disso, algo muito estranho aconteceu. Toquei frases que nunca havia ouvido. Talvez pelo fato de não haver bateria nem baixo para manter o ritmo, minha mão esquerda começou a tocar um baixo *boogie-woogie* suingado. No fim, da primeira estrofe, ouvi Peplowski dizer: "Sim." Lembro-me também de ouvir alguém na plateia gritar a mesma coisa: "Sim!" Quando terminei de solar e a banda voltou, o público aplaudiu ruidosamente.

Aquela noite foi o meu momento de virada como pianista. Minha noção de identidade se transformou. Antes, eu me via essencialmente como um músico desastrado e amador; agora eu sabia que era capaz de executar solos decentes de jazz, inclusive licks que nunca havia praticado. Mesmo agora, embora eu não seja músico em tempo integral e, na verdade, toque raramente, ainda tenho essa identidade "fantasma" que me acompanha. Sou um jazzista.

Passei por uma situação semelhante há alguns anos, quando lecionei em um programa para executivos de alto nível. Uma de minhas colegas adoeceu e precisou faltar a aula. Eu era, ela me garantiu, o *único* que poderia preparar a aula com tão pouca antecedência. (Que amiga, não?)

Eu estava vagamente familiarizado com o estudo de caso, tema da aula daquele dia, mas não conhecia todos os detalhes, por isso, a caminho da aula, percebi como estava ansioso. Eu não tinha muito material para a palestra. Com certeza, não estava adequadamente preparado. Comecei a imaginar que iria passar vergonha. Fiquei aflito só de pensar de ficar diante da turma sem ter o que dizer. Até havia imaginado maneiras de me livrar da situação. Será que eu poderia ligar dizendo que ficara doente? Ou começar dizendo que o módulo duraria apenas uma hora, tempo suficiente apenas para eu mencionar alguns clichês e ir embora?

Uma hora eu poderia aguentar; duas horas pareciam uma eternidade. Em seguida, comecei a me afligir com relação aos "alunos" que, inevitavelmente, ficariam decepcionados – aqueles executivos exigentes e egocêntricos.

Cheguei à sala de aula, olhei para os executivos e, de uma hora para outra, percebi que estava tão absorto em meus próprios medos que havia esquecido os alunos. Eu inadvertidamente os via como um grupo monolítico de indivíduos de terno e gravata impacientes, mal-humorados e preocupados com os resultados financeiros, que exigiam que eu os mantivesse entretidos. Precisava começar de algum lugar, então disse as primeiras palavras que me vieram à cabeça: "Estou muito animado de estar aqui." As palavras saíram lenta e timidamente. Talvez não notem que estou dizendo uma meia-verdade. Tive medo de ter soado estranho, como se estivesse tentando colocar uma bola de tênis em uma mangueira de jardim. E, claro, meu "animado" tinha um sentido muito particular e nervoso. O que me surpreendeu, no entanto, e o que lembro claramente hoje é que quando disse "estou muito animado por estar aqui", algo mudou. Os executivos começaram a olhar de forma ligeiramente diferente. De uma hora para outra, alguns realmente pareciam simpáticos.

Em seguida, como se eu estivesse tocando jazz, experimentei uma leve variação da frase anterior: "Estou satisfeito por estarmos aqui", praticamente repetindo o que acabara de dizer. E agora? "É um prazer poder passar algum tempo com tantos líderes experientes e sábios." Notei que alguns sorriam, portanto respirei fundo e continuei, e, em um repentino lampejo, aqueles executivos no meio de suas carreiras mudaram diante de meus próprios olhos. Eram pessoas boas, ávidas por aprender, com uma riqueza de sabedoria e, para minha surpresa, eu realmente começava a sentir certa animação.

"Interesso-me por inovação", continuei, "percebo que todos vocês já têm muita experiência com a dinâmica de inovação e liderança em suas empresas e estou ansioso para aprendermos uns com os outros". De repente, tudo se tornou verdade, e as duas horas seguintes voaram durante a conversa fascinante que esses 25 executivos e eu tivemos sobre inovação e liderança.

Por quê? O que havia acontecido? Não mudei de opinião nem o que disse. Ao contrário, mudei primeiro minhas palavras. Comecei a agir como se fosse verdade e, por fim, comecei a acreditar naquilo, e minhas palavras mudaram o mundo à minha frente.

Por segurança, eu poderia ter voltado às antigas regras e hábitos, como forma de aliviar a ansiedade. Poderia ter recorrido a uma série de slides em PowerPoint, uma apresentação que poderia fazer de olhos fechados e que impressionaria uma quantidade suficiente deles, facilitando meu dia. (E, claro, eu já havia feito isso no passado também.) Poderia ter explicado que a professora deles tivera um problema, que eu era um substituto de última hora, diminuindo suas expectativas para que me perdoassem pela inexperiência e mostrando que sou uma pessoa boa por aceitar substituí-la de última hora. Ou então eu poderia ter dado uma palestra sobre outro assunto com o qual eu fosse bem familiarizado, *à la* Oscar Peterson, usando meus clichês. Teria funcionado. Já fiz isso antes também. Ou poderia ter ficado distante dos alunos, evitando erros constrangedores ao fazer afirmações seguras ou incontestáveis. Em vez disso, eu disse sim à desordem, me engajei totalmente na interação e tive uma das experiências mais interessantes da minha carreira acadêmica. Começamos como turma, terminamos como comunidade.

O jazz como negociação contínua: dizendo sim à levada

Embora os jazzistas sejam mais conhecidos por seus solos, em última análise, o jazz em si é um feito social em andamento. Os músicos estão sempre em um diálogo e troca contínuos entre si. Os improvisadores entram em um fluxo contínuo de invenção, uma combinação de timbres, batida de pratos e mudanças nos padrões harmônicos que se entrelaçam em toda a estrutura da canção. Estão envolvidos em fluxos contínuos de atividade: interpretando o som dos outros e prevendo com base nos padrões harmônicos e convenções rítmicas e, ao mesmo tempo, tentando moldar as próprias criações e relacionando-as com o que ouviram.

A improvisação de jazz é um processo emergente, desconcertante e vital. A qualquer momento, um músico pode levar a música a uma nova direção, desafiando as expectativas e levando os outros a reinterpretarem o que acabaram de ouvir. O trompetista Wynton Marsalis compara a improvisação com o ato de se chegar a um acordo entre ideias em grupos democráticos, em termos visivelmente reminiscentes do ditado de John Dewey de que o verdadeiro aprendizado é, por natureza, uma experiência participativa e democrática.

Grupos podem se reunir e o processo da negociação pode ser íntegro; o fato de que podem se reunir, ter um diálogo e trabalhar os aproxima do que a ONU faz. Eles se sentam, conversam e tentam resolver os problemas. É como qualquer comitê administrativo do governo. Como um vagão de trem, sabe?[7]

O pianista Tommy Flanagan falou sobre seus álbuns com Hank Jones e Kenny Barron em termos igualmente comunitários:

Você não sabe o que o outro músico vai tocar, mas ao ouvir o playback, você detecta rapidamente que relacionou sua parte com o que o outro músico tocou pouco antes de você. É como uma mensagem transmitida para lá e para cá... Quando você toca, quer alcançar esse tipo de comunicação. Quando alcança, seu som parece fazer sentido. É como uma conversa.[8]

Para que o jazz funcione, os músicos precisam desenvolver um grau notável de competência empática, uma orientação mútua para o desdobramento dos outros. Eles contextualizam continuamente as ideias musicais dos outros como restrições e simplificações para guiar suas escolhas musicais. Veja o que o saxofonista Lee Konitz diz sobre esse intercâmbio interativo e os desafios constantemente apresentados por ele:

Quero me relacionar com o baixista, o pianista e o baterista, para que, em qualquer momento, eu saiba o que estão fazendo. O objetivo é sempre se relacionar o máximo possível com os sons que todos estão tocando... mas, puxa! Para mim, é muito difícil. Em momentos diferentes, escuto um músico específico da banda e me relaciono com ele o mais diretamente possível no meu solo.[9]

Os músicos estão continuamente moldando suas declarações para antever as expectativas alheias, aproximando e prevendo o que os outros podem dizer com base no que já aconteceu.

Os modelos tradicionais de organização e criação em grupo apresentam princípios estáticos nos quais as flutuações e mudanças são vistas como perturbações que devem ser controladas e evitadas. Bandas de jazz são sistemas flexíveis e autoprojetados, que buscam um estado de sincronização dinâmica, um equilíbrio entre ordem e desordem: uma "instabilidade interna". No jazz, a negociação contínua se torna muito importante quando algo interrompe a coerência interativa. Devido à possibilidade de desorientação e a erros de cálculo, é preciso confiança mútua entre os músicos para que possam se ajustar, mudar de curso. O baterista Max Roach se recorda de uma performance de "Night in Tunisia" na qual Dizzy Gillespie e seus músicos perderam a batida.

Quando isso aconteceu, ficamos perdidos por cerca de oito compassos. Nesse caso, alguém tem de sair. É inevitável. Dizzy parou primeiro porque ouviu mais rápido que todos nós o que estava acontecendo e não retomou a batida. Em seguida, era conosco: Ray Brown, Bishop e eu. Um de nós tinha de parar, então Bishop saiu. Depois, era a vez de Ray Brown e eu darmos um jeito na situação. Quase imediatamente encontramos a batida, e os outros voltaram a tocar, sem que o público percebesse o que havia acontecido.[10]

Quando os músicos conseguem retomar a batida, desenvolvem o que chamam de "domínio", ou o que alguns chamam de groove. Estabelecer um groove é o objetivo de toda apresentação de jazz, e se refere à interação dinâmica dentro de uma batida estabelecida. Ocorre quando a cozinha "se afina", quando os membros alcançam uma noção comum de batida e métrica. No entanto, um groove é mais que apenas tocar as notas certas. Envolve uma "sensação" compartilhada de entrosamento rítmico. Quando o grupo compartilha esse ritmo comum, começa a se formar uma dinâmica com vida própria, à parte da de cada músico.

Quando "alcançam o groove", os músicos não se veem como a fonte dessa atividade, irônico numa época em que enfatizamos tanto os agentes autônomos qualificados que fazem escolhas racionais e individuais. Quando os grupos alcançam o groove, falam sobre isso como se a fonte da atividade viesse de outra parte. Exercem uma atividade magistralmente habilidosa e, ainda assim, permanecem radicalmente abertos à situação no entorno, que lhes exige resposta. Os músicos muitas vezes se referem a tais momentos com metáforas sagradas: a beleza, o êxtase, o divino, a alegria transcendente, a dimensão espiritual ligada ao ato de ser levado por uma força maior que eles mesmos. Para falar sobre esses momentos, utilizam uma linguagem muito próxima do que vem sendo descrito como uma experiência autotélica ou de fluxo: um estado de transcendência no qual estão tão absortos em busca da atividade desejada que sentem como se fossem levados por uma corrente, um fluxo.

Não é de admirar que, quando os músicos conseguem se afinar nesse nível e atingir um groove, muitas vezes se vejam capazes de ter um desempenho além de suas capacidades. Essa dimensão talvez seja a característica mais desconcertante e vital da improvisação do jazz. O pianista Fred Hersch lembra que tocar com o baixista Buster Williams o inspirou a mudar sua levada:

> *Buster me fez tocar acordes complexos como os que Herbie Hancock às vezes toca – que eu não conseguiria sequer sentar e imaginar agora. É o efeito do momento, o efeito de tocar com Buster e realmente ouvir tudo, todas aquelas pessoas.*[11]

E Buster Williams lembra que, quando tocava com Miles Davis, a música ganhava vida própria.

> *Com Miles, havia um momento em que seguíamos a música, em vez de ela nos seguir. Seguíamos a música para onde ela quisesse ir. Começávamos a tocar e, pela maneira que a tocávamos, ela apenas evoluía naturalmente.*[12]

Imagine um rebanho de aves auto-organizado, voando de um lado para outro. Não há qualquer controlador, mas, ainda assim, um padrão visível surge no efeito comum, como uma espécie de arte natural. Essa é a melhor definição de jazz, algo que todas as empresas deveriam copiar. Não seria maravilhoso se os líderes pudessem criar culturas empresariais nas quais as pessoas pudessem se envolver em atividades eficientes no contexto de receptividade a todos?

Liderar dizendo sim ao que existe de melhor

Os melhores líderes não são imparciais nem predominantemente analíticos, embora sejam habilidades importantes de se desenvolver. Os melhores líderes sabem quando é importante estar total e plenamente envolvidos em problemas e situações, e, para aumentar a criatividade e a inovação, o primeiro passo fundamental é tomar uma atitude positiva.

Veja a história de Michelangelo e da criação do famoso *David*. Quando, em 1501, lhe encomendaram uma estátua para a catedral de Florença, Michelangelo a esculpiu de um bloco de mármore, com o qual outro escultor, Agostino di Duccio, havia trabalhado e que descartara 40 anos antes. Di Duccio presumivelmente ficara frustrado demais para continuar, e não é de admirar. Esculpir uma figura complexa em um material resistente requer grandes habilidades na resolução de problemas.

O escritor William Wallace descreve o desafio enfrentado por Michelangelo:

Esculpir em mármore é um trabalho árduo, barulhento e sujo. Cada golpe de martelo é uma colisão de metal com pedra. Pedaços de mármore voam em todas as direções; a poeira é grossa. Hoje, quem trabalha com pedra usa óculos; Michelangelo não usava. Ele precisava ver a pedra, ver cada marca, fazer pequenos ajustes no ângulo do cinzel e na força do golpe. Ele não podia se dar o luxo de cometer um deslize. Um golpe errado poderia lhe render um dedo ou um braço quebrados, ou coisa pior. Uma figura só ganha vida depois de milhares e milhares – dezenas de milhares – de golpes duros e leves perfeitamente direcionados. Esculpir em mármore é uma tarefa difícil e implacável.[13]

Diante desses desafios, como Michelangelo conseguiu? Ele não focou os problemas, como talvez di Duccio tenha feito. Ao contrário, Michelangelo olhou para o mármore descartado e viu ali seu David. O necessário, disse, era "limpar o resto do mármore para trazer David à tona". A principal preocupação de Michelangelo não era o pedaço de mármore em si e todas as armadilhas de trabalhar com ele. Sua primeira preocupação, sua energia mais vital era dedicada a formar uma imagem do perfeito David antes mesmo de apoiar o cinzel sobre a pedra.

Críticos e observadores ainda veneram o resultado. O David de Michelangelo foi esculpido, segundo o historiador Paul Johnson, "com habilidade e energia quase assustadores".[14] Mas o processo e o sucesso começaram com a capacidade de Michelangelo de mentalizar e visualizar o próprio David esperando para ser esculpido a partir do pedaço descartado de mármore; sua *capacidade* de imaginar David em sua imaculada totalidade, de formar uma imagem perfeita – essa é uma abordagem de aprendizagem que leva à inovação ousada. (A propósito, mais tarde, a estátua foi vista como uma realização artística tão radical que veio a simbolizar a identidade de toda a comunidade de Florença. Em vez de colocarem na catedral, para onde havia sido originalmente encomendado, David foi colocado em exibição pública em frente à prefeitura, no Palazzo Vecchio.)

Por que muitas vezes é tão difícil dizer sim ao desconhecido? Psicólogos sociais e economistas comportamentais mostram que os seres humanos são profundamente avessos à perda: as pessoas, em geral, preferem evitar uma perda a adquirir um ganho, principalmente em momentos de estresse, que nos imobiliza em uma perspectiva limitada e nos leva a adotar uma mentalidade de cerco. Defendemo-nos contra os riscos tanto quanto possível, mas essa mentalidade, embora compreensível, é autolimitante. Em vez de dizer sim à desordem, as pessoas abreviam o processo de descoberta, param de aprender e não conseguem enxergar as novas oportunidades.

Veja o exemplo a seguir. Entre 2008 e 2009, à medida que as perdas no mercado de ações foram se acumulando, uma universidade de grande prestígio viu grande parte das doações desaparecer. Compreensivelmente, os dirigentes da universidade reagiram cortando gastos, o que incluía a contratação de novos docentes. Na verdade, em algumas áreas, a universidade interrompeu totalmente as contratações. Entretanto, uma universidade de menos prestígio, confrontada com a mesma perda proporcional de doações, imediatamente viu a mesma situação como oportunidade. Os administradores perceberam que, se uma das melhores universidades do país não estava mais contratando, os candidatos mais qualificados e interessantes estariam disponíveis – candidatos que, em anos anteriores, haviam sido contratados justamente por universidades com melhores reputações. Sim, os tempos estavam difíceis e não melhorariam tão cedo, mas os dirigentes dessa universidade enxergaram além da desordem e encontraram uma oportunidade sem precedentes para um gigantesco salto à frente.

Esse é o tipo de atitude típica da mentalidade do jazz e um dos temas centrais deste livro. Os improvisadores de jazz se concentram na descoberta em momentos de estresse; sabem como se libertar de velhos hábitos, mesmo quando as rotinas confiáveis parecem ser a maneira mais rápida de aliviar a ansiedade; interpretam situações desafiadoras para que o medo não limite as escolhas; e apoiam o surgimento de boas ideias. Embora não haja garantia de resultados, percebem os benefícios de uma mentalidade que maximiza as oportunidades, compreendem a importância de correr riscos de maneira inteligente e, mais importante, aprendem dizendo sim e se lançando.

Competência afirmativa

Pesquisadores de vários campos diferentes afirmaram o poder transformador da expectativa positiva. Os pacientes muitas vezes apresentam significativas melhoras biológicas e emocionais porque acreditam receber um tratamento útil, mesmo que tomem apenas pílulas de açúcar. O efeito placebo já foi amplamente documentado, mas esse poderoso efeito preventivo não se limita apenas às nossas próprias expectativas. O simples fato de que os outros tenham expectativas positivas em relação a nosso desempenho pode moldar o resultado.[15]

Pesquisas realizadas em sala de aula sobre profecias autorrealizáveis e o chamado efeito Pigmaleão — termo usado na Psicologia para se referir ao efeito de nossas expectativas e percepção da realidade — mostraram que, quando os professores são levados a acreditar que um grupo é mais inteligente e capaz que outro, o grupo da expectativa positiva irá superar seus pares, mesmo que, na realidade, a categorização dos grupos tenha sido aleatória. Isso acontece no ambiente de trabalho também. A expectativa de um bom desempenho, da competência, estabelece um ciclo de autorreforço entre o gerente e o empregado enquanto eles moldam, em conjunto, o comportamento um do outro. As expectativas do gerente aceleram os resultados previstos em conjunto porque ele foi induzido a perceber a competência, atribuindo o desempenho ruim a algum fator exógeno, o que, por sua vez, incentiva o funcionário a ter um desempenho elevado para reafirmar as expectativas do gerente. Grupos de alto desempenho exploram o poder dos ciclos de expectativa e encontram maneiras sutis de recorrer à expectativa positiva ao focar o sucesso.

Psicólogos desportivos são grandes defensores dos *loops* de expectativa. Além de excelentes atributos físicos, muitos dos principais atletas profissionais aprenderam a aprimorar essa competência afirmativa, projetando imagens de orientação detalhadas e positivas como se já fossem verdadeiras. Estudos com jogadores de boliche, por exemplo, mostraram que aqueles que conseguem focar intencionalmente resultados bem-sucedidos têm níveis de desempenho muito mais elevados que os outros competidores. Os estudos sugerem ainda uma forte diferença entre insistir em eliminar obstáculos e evocar uma imagem de sucesso. Criar um autorroteiro que diga "evite jogar uma bola que vá para a canaleta" – uma fuga do objetivo – pode dar à "bola que vai para a canaleta" uma qualidade ironicamente atraente. Em vez disso, os atletas que conseguem se automonitorar focam para "encontrar a jogada certa e fazer o *strike* perfeito".[16] Estudos sugerem que o automonitoramento positivo tende mais ao desempenho eficiente que o objetivo de evitar determinadas situações.[17]

No fim da década de 1980, o Vietnã vivia uma tragédia de longa data: 60% a 70% das crianças com menos de 5 anos sofriam de desnutrição. Diversas abordagens usadas para melhorar esse percentual de desnutrição haviam fracassado. O Dr. Jerry Sternin, que trabalhava com o Save the Children, teve uma ideia única. Ele constatou que os métodos tradicionais de intervenção não estavam funcionando, por isso, um dia perguntou a uma mulher em uma aldeia onde estava trabalhando se havia famílias cujas crianças *não* estivessem morrendo de desnutrição. Na verdade, havia. Os aldeões mencionaram uma família em particular. Em seguida, Sternin fez algo incomum: criou uma comunidade de aprendizado entre os aldeões, ajudando-os a se tornarem investigadores ao criarem uma situação de descoberta. Ele reuniu a aldeia para pesquisar a família na qual as crianças não apresentavam desnutrição e as ajudou a fazer perguntas. Durante o processo, as famílias com crianças fracas e à beira da morte aprenderam com vizinhos com quem conviviam havia anos.[18]

Ocorre que essa família vinha catando camarões e siris do campo de arroz e acrescentando-os, junto com verduras e batata-doce, às refeições das crianças. Isso contrariava a crença popular na aldeia de que esses alimentos não deveriam ser dados a crianças, mas na verdade, essa família estava dando às crianças uma valiosa fonte de proteína. Ao encontrar "desvios positivos" na aldeia – aqueles que têm desempenho melhor que pares com os mesmos recursos –, Sternin então usou uma segunda abordagem, igualmente inovadora, para disseminar o aprendizado. Organizou diálogos entre as famílias – sessões nas quais poderiam cozinhar, comer e conversar. No fim do ano, mil crianças haviam passado por essas aulas de nutrição, e 90% haviam se recuperado da desnutrição.

É isso que líderes improvisadores fazem. Encaram os desafios sob ângulos diferentes, fazem perguntas mais profundas e fazem surgir o espírito comunitário. Não estão em busca de respostas fáceis nem mantêm antigas rotinas e frases obsoletas. Em vez de se concentrar nos obstáculos (uma forma de automonitoramento negativo), criam aberturas ao fazer perguntas que considerem as possibilidades. Buscam o groove, o fluxo, sabendo que, tal qual Sternin, isso pode levá-los a lugares aonde nunca esperariam ir, aonde nunca imaginariam chegar. E, igualmente importante, esse líderes presumem que a improvisação vai funcionar: que a desordem é apenas uma estação de passagem no caminho para um destino que vale a pena. A mensagem aqui é poderosa: comece fazendo perguntas positivas; estimule o diálogo, não o monólogo; e você poderá mudar completamente a situação, talvez até mesmo sua vida.

CAPÍTULO 3

Executando e experimentando simultaneamente

Aceitando os erros como fonte de aprendizado

Ao assumir o cargo de CEO da Ford Motor Company, em 2006, Alan Mulally herdou uma empresa com perdas da ordem de bilhões de dólares. Para medir o progresso, Mulally pediu aos vice-presidentes e líderes de áreas funcionais que levassem às reuniões relatórios marcados com um código de cores: verde para bom, amarelo para cuidado, vermelho para áreas problemáticas. Nas primeiras reuniões, os gerentes apareciam com relatórios de suas operações codificados em verde, até que um dia Mulally finalmente disse: "Vocês todos estão cientes de que perdemos alguns bilhões de dólares no ano passado. Existe algo que *não* esteja indo bem?" Com isso, um dos vice-presidentes, Mark Fields, se manifestou. O Ford Edge, disse, estava apresentando problemas técnicos e não ficaria pronto para produção e distribuição dentro do prazo programado. O silêncio tomou conta da sala, até que Mulally aplaudiu, parabenizando Fields. "Mark", disse, "obrigado pela transparência".

A revelação de Fields e a reação de Mulally não só expuseram as dificuldades com um componente-chave do futuro da Ford como também ensinaram a outros presentes na sala que não havia problema em revelar os erros. No passado, os vice-presidentes tinham sido obrigados a se proteger de problemas e decepções, por isso, tendiam a não relatá-los. Agora, sabiam que não seriam punidos por cometer erros, e o efeito foi impressionante. "Na semana seguinte, havia relatórios com códigos de todas as cores", afirmou Fields mais tarde. Mulally concordou: "Eles não trazem mais livros volumosos para as reuniões porque sabem que não vou massacrá-los com uma enxurrada de perguntas para humilhá-los."[1]

O que significa viver em uma cultura de equipe na qual não há qualquer problema em revelar seus erros e discuti-los publicamente? O histórico é muito claro: grupos que adotaram essas práticas e líderes que as promoveram aceleram o aprendizado. *Afinal, o fracasso é uma parte inevitável do risco e da experimentação.* Na verdade, muitas vezes é o caminho para a descoberta, especialmente em culturas altamente experimentais e inovadoras. No entanto, o valor de tolerar os erros se estende também às operações cotidianas de sistemas complexos e até mesmo a processos de rotina. Em ambos os casos, o medo de relatar erros pode levar ao fracasso e, às vezes, à tragédia.

Terminei o capítulo anterior sugerindo que os líderes começassem fazendo perguntas positivas. Começo este capítulo com a história de um líder que perguntou: "Existe algo que não esteja indo bem?" Parece uma contradição, não? No entanto, uma análise mais detalhada revela que as duas atitudes estão relacionadas. As duas são atitudes afirmativas e perguntas que validam a experimentação e o aprendizado. Quando pediu às pessoas que revelassem seus erros, Mulally também estava dizendo sim de forma muito profunda. Estava dizendo: "Sim, espero que estejamos abertos à experimentação, e nem tudo vai funcionar da maneira que esperávamos. E, sim, é seguro falar sobre decepções e revelá-las, para que todos possamos aprender ao longo do caminho. Não se esconda dos erros. Use-os como ocasião para aprender e melhorar."

Imperfeição e perdão

Miles Davis, o grande trompetista, líder de banda e compositor, tinha um ditado favorito sobre os jazzistas: "É um erro não errar." Há grande sabedoria nessa frase. Miles Davis falava sobre a importância de continuar a correr riscos, jogar e experimentar novas possibilidades, porque, quando fazemos isso, damos margem ao novo; há algo novo nos esperando na próxima estrofe da música.

A verdade é que erros, falhas, equívocos, besteiras ou como quer que os chamemos são endêmicos no jazz. Quando os músicos almejam algo além do seu alcance, quando agem sem uma rede menor segurança ou qualquer plano claro ou garantia de resultados, a probabilidade de ocorrência de erros é grande. Muitas vezes, há discrepâncias entre a intenção e a ação: às vezes, as mãos não tocam o que o ouvido imagina. Outras vezes, os músicos interpretam sinais equivocadamente ou tocam as notas erradas; afinal, são humanos. No entanto, o que evitam, se quiserem prosperar nessa forma de arte, é censurar uns aos outros pelos erros cometidos. Ao contrário, os jazzistas aprendem a abordar os erros como se fossem sugestões alternativas. Podem repetir o erro, ampliá-lo e desenvolvê-lo até que se torne um novo padrão. Em essência, os músicos estão constantemente dizendo uns aos outros: "Vamos lá, vamos ver aonde isso vai dar." Valorizar o potencial afirmativo de toda expressão musical, certa ou errada, com o tempo, acaba se tornando uma profecia autorrealizável.

Herbie Hancock recorda a época em que Miles Davis o ouviu tocar um acorde errado e reagiu solando durante as notas "erradas" para que soassem certas, intencionais e sensatas em uma análise retrospectiva. Os jazzistas partem do pressuposto de que é possível transformar qualquer situação ruim em boa. O que conta é o que se faz com as notas. Em vez de adotar a resolução tradicional de problemas, Davis disse sim às notas à sua frente e partiu do pressuposto de que poderia fazê-las funcionar.

De forma semelhante, o pianista Don Friedman observou que havia tocado um acorde errado durante uma gravação com o trompetista Brooker Little. Como Davis, Little reagiu de maneira brilhante, solando em cima das notas supostamente erradas de Don:

Aparentemente, Little percebeu a discrepância durante o refrão inicial de seu solo ao chegar nesse trecho e selecionou a terça menor do acorde como um dos tons iniciais de uma frase musical. Ao ouvir o contraste com o que o pianista tocava, Little improvisou uma saída, modelando rapidamente para outro tom e fazendo uma pausa, interrompendo a evolução da apresentação. Para disfarçar ainda mais o erro, repetiu o trecho frasal, como se pretendesse inicialmente que fosse um tema [sic] antes de transformá-lo em um elegante arco melódico ascendente. Dali em diante, Little guiou o solo de acordo com um mapa revisado da balada.[2]

"Mesmo quando tocou a melodia no final do trecho", observou Friedman, Brooker a variou de maneira "a se adequar ao acorde que eu estava tocando".

Observe que Little não tentou culpar nem buscar as causas do erro; se adaptou a ele como material a ser utilizado para encontrar uma saída possível. Aproveitou o erro de Friedman e o fez soar intencional por meio da transformação, do redirecionamento e de reviravoltas inéditas. A improvisação do jazz pressupõe um potencial positivo à espera de ser descoberto em praticamente qualquer enunciado musical, qualquer acorde, qualquer nota.

Esse é um exemplo do que o crítico Ted Gioia chama de "estética da imperfeição".[3] Em vez de avaliar o sucesso ou fracasso de criações individuais com base em um padrão externo de perfeição – como poderíamos encontrar nos concertos – Gioia argumenta que, no jazz, é necessário avaliar os esforços corajosos. Tal estética envolveria avaliar o repertório inteiro de ações experimentadas pelo músico, as belas frases e também as falhas resultantes de esforços arriscados, os mesmos esforços expansivos que, sem dúvida, produzem belos trechos musicais.

᚛ ᚛ ᚛

Será a "estética da imperfeição" possível também nas organizações? Eu diria que não só é possível como também necessária. Muitas vezes, os gerentes enfatizam demais as falhas organizacionais, buscam exaustivamente as causas e consideram os erros inaceitáveis; não incentivam experiências corajosas. Ao contrário, imobilizam as próprias pessoas com quem podem contar para fazer a empresa progredir. Agora imagine um padrão para avaliação organizacional que avaliasse o desempenho não apenas em comparação com os padrões convencionais de sucesso, mas com a força do esforço, o nível de envolvimento do propósito e do compromisso com uma atividade, a perseverança, após um erro e veementes tentativas de ampliar o horizonte do que teria sido considerado possível. Na pior das hipóteses, tal padrão estabeleceria uma distinção entre os erros que resultam de negligência ou desinteresse, os que resultam de padrões sistêmicos (como os esforços do Seis Sigma) e os que surgem da profunda preocupação com um projeto. Poderíamos chamar esses últimos de "nobres fracassos".

De maneira análoga, uma vez cometidos os erros, como os gerentes transformam esses acontecimentos inesperados em oportunidades de aprendizado, como gatilhos criativos que estimulam a ação, como fez Miles Davis no exemplo anterior? Considere um exemplo da loja de departamentos Nordstrom, que incentiva os funcionários a "atenderem às solicitações dos clientes, até as menos sensatas". Um empregado da Nordstrom pagou pelo estacionamento de um cliente depois que a sessão de embalagens para presente demorou demais para lhe entregar o pacote.

O exemplo é simples, mas histórias como essas circulam e inspiram outros funcionários a usarem erros como oportunidade de oferecer serviços ainda melhores. Em um exemplo memorável, um cliente da Nordstrom chegou à loja e descobriu que o terno que viera buscar ainda não estava pronto. Ele expressou sua decepção ao vendedor, observando que tinha planejado usar o terno em uma reunião em Phoenix em breve. Dois dias depois, ao chegar ao hotel em Phoenix, havia uma encomenda da Nordstrom à sua espera. Além do terno, havia uma carta com um pedido de desculpas do funcionário. E mais: uma camisa e uma gravata. Não é surpresa que o cliente tenha continuado a comprar na Nordstrom e a recomende a amigos e conhecidos.

Em vez de recompensar os gerentes por "resolver" os problemas, as organizações poderiam aplicar sua própria "estética da imperfeição", considerando não apenas o resultado final, mas também a maneira pela qual os gerentes perseveram e usam os erros como pontos de partida criativos, da mesma forma que os jazzistas improvisam em direções inesperadas a partir de algumas notas erradas. Essa estética implica que erros poderiam ser considerados não falhas de caráter, mas inevitáveis percalços a serem criativamente reintegrados à medida que a negociação continuasse.

Isso também sugere que membros dentro das organizações precisam estar dispostos a se liberar de consequências imprevisíveis e de erros de invasão e extensão excessivas. A filósofa Hannah Arendt observou que a compreensão é o antídoto para a imprevisibilidade. Imagine executivos desenvolvendo a dupla estética da imperfeição *e* da compreensão, levando adiante atitudes *ad hoc* e o aprendizado fortuito e, ao mesmo tempo, libertando os que empreendem nobres esforços, mesmo quando os resultados desejados não são alcançados.

Tirando proveito dos erros

A literatura sobre negócios está repleta de exemplos de inovações corporativas que, na realidade, dependeram de erros anteriores e por ótima razão: é praticamente impossível distinguir quais ideias terão sucesso e quais projetos levarão à inovação genuína. Dizem que Thomas Edison experimentou e fracassou em centenas de tentativas de inventar a lâmpada, até conseguir uma que realmente funcionasse. Cada tentativa fracassada foi necessária, pois ele e seus colegas se basearam no que vinham aprendendo. Para Edison, dizer sim para a desordem significava continuar a experimentar, mesmo diante da decepção quase contínua.

A história dos blocos adesivos Post-it, da 3M, é um exemplo relatado com frequência do que pode acontecer em uma cultura que valoriza a experimentação contínua. O desenvolvimento do adesivo reutilizável e sensível à pressão foi acidental – um erro que acabou se tornando uma mina de ouro. O Post-it é responsável atualmente por quase 10% da receita da 3M. Existem inúmeros outros exemplos de acidentes que se tornaram oportunidades inesperadas: os refratários Pyrex, o Walkman, a bala Lifesavers, Coca-Cola, Silly Putty, Kleenex, jeans Levis, Band-Aid, Corn Flakes, a penicilina e muitos, muitos outros.

Em 1900, Lee de Forest brincava com baterias, centelhadores e eletrodos em seu apartamento de Chicago, quando percebeu que a chama de um maçarico mudou de cor quando ele experimentou com o centelhador. Intrigado com o fenômeno, resolveu iniciar uma série de experimentos fracassados, realizou várias iterações, até que deparou com o tríodo que se tornaria a base do tubo de vácuo – elemento fundamental de rádios, televisores e, em última análise, computadores. Mesmo quando "obteve sucesso", porém, Forest estava trabalhando com base na noção errônea de que a chama de gás poderia detectar sinais de rádio.

Em seu relato sobre a descoberta de Forest, o cientista e escritor Steven Johnson observa que uma maneira de interpretar essa história é ver a vida de Forest como exemplo de criatividade e presistência.[4] Entretanto, continua, "contar a história dessa maneira desconsidera um fato crucial: o de que em praticamente todas as etapas do caminho, Forest estava absolutamente errado sobre o que estava inventando. O Audion não foi tanto uma invenção, e sim o acúmulo persistente e constante de erros... Até o próprio Forest admitiu que não entendia o dispositivo que inventara. 'Não sei como funcionou', observou. 'Simplesmente consegui.'" Johnson afirma, incisivamente: "Toda essa história de alcançar um feito espetacular tem algo de sombrio por trás, muito mais amplo, sobre o qual a pessoa cometeu erros espetaculares e repetidos. E não apenas isso; havia muita *desordem e confusão*."[5]

Dizer sim à desordem lhe permite observar os detalhes que, de outra forma, poderiam passar despercebidos, enquanto categorizar uma indagação como problema ou um experimento como fracasso impede a curiosidade. Vejamos o exemplo de Wilson Greatbatch, que, como hobby, gostava de fazer experiências com eletrônica e sinais de rádio. Como parte de um projeto do Departamento de Psicologia da Cornell University, Greatbatch viu-se trabalhando em uma fazenda, medindo ondas cerebrais, batimentos cardíacos e pressão arterial de animais, com uma variedade de instrumentos de medição. Certo dia, durante o almoço, ouviu por acaso dois médicos conversando sobre os riscos à saúde associados à irregularidade da frequência cardíaca dos pacientes. Por seu interesse por eletrônica, começou a imaginar o coração como órgão que emite e recebe sinais de rádio.

Passam-se cinco anos, e Greatbatch está trabalhando em um instituto de doenças crônicas, em Buffalo, ajudando um médico a desenvolver um oscilador para registrar os batimentos cardíacos. Steven Johnson começa a contar sua história a partir daí:

Certo dia, enquanto trabalhava no dispositivo, Greatbatch por acaso pegou o resistor errado. Quando o conectou ao oscilador, ele começou a pulsar em um ritmo familiar. Graças ao erro do Greatbatch, o aparelho estava simulando a batida de um coração humano, não gravando. Na mesma hora, pensou nas conversas na fazenda, que ouvira cinco anos antes. Nascia ali, finalmente, um aparelho capaz de restaurar, nos primeiros sinais de falha, uma arritmia cardíaca.[6]

Greatbatch e um cirurgião de Buffalo chamado William Chardack resolveram então desenvolver o primeiro marca-passo cardíaco e implantá-lo no coração de um cão. Em 1960, o marca-passo de Greatbatch-Chardack pulsava uniformemente no peito de 10 seres humanos. Nas cinco décadas que se passaram desde então, variações do projeto original propiciaram um novo sopro de vida a milhões de pessoas do mundo.

Como no bom jazz, o marca-passo de Greatbatch é um exemplo de bricolagem, experimentação, associação de diferentes materiais (rádios e corações), iterações de erros que se acumulam em um palpite com valor duradouro. Um erro simples – tirar o resistor errado de um saco – e uma vontade de mantê-lo tempo suficiente para associar a pulsação de um oscilador a uma conversa sobre batimentos cardíacos irregulares

– ouvida sem querer meia década antes – e sua curiosidade sobre a noção do coração como rádio que emite sinais levaram a uma invenção que proporcionou um bem incalculável. Mas o que há nesses "erros" que faz com que frequentemente levem a novas descobertas?

Talvez a resposta esteja no fato de que os erros violam expectativas. Essencialmente, os erros rompem com rotinas e com o comportamento mecânico. Despertam-nos e exigem que prestemos atenção a algo que antes não estava à vista. Por um momento, somos forçados a avaliar novamente uma situação, pois os erros atiçam nossa curiosidade e nos levam a questionar nossa própria abordagem. Temos de nos libertar dos padrões e prestar atenção a novos caminhos. Um erro pode nos estimular a investigar estranhos resultados e nos levar a descobertas. Quando cometemos um erro, não podemos viver confortavelmente de acordo com os pressupostos e crenças aos quais nos acostumamos. Somos forçados a confrontar nossas tendenciosidades; temos de explorar alternativas. Os improvisadores do jazz e os grandes cientistas e inovadores sabem o valor disso: fazer suposições, experimentar (por vezes repetidamente), experimentar outros ajustes, tudo isso com um espírito aberto de curiosidade e admiração.

A invenção da massa de modelar Play-Doh é outro exemplo digno de menção. Noah e Joseph McVicker produziram uma massa colante para papel de parede, usada para aplicar papel a superfícies duras. Quando a demanda de papel de parede começou a diminuir, Noah precisou fazer algo com o excesso de material colante. Felizmente, sua irmã, que trabalhava em uma creche, notou que o material era semelhante à argila de modelar e sugeriu que ele o doasse para as crianças brincarem; o sucesso foi imediato, apesar de originalmente vir em uma única cor: bege. Mais adiante, eles criaram várias cores, começaram a comercializar o produto em lojas de departamento e venderam quase meia tonelada de massinha de modelar nos 50 anos seguintes.

Fracasso construtivo

Nas iniciativas empresariais, tentativa *e* erro ocorrem desenfreadamente, e são também essenciais, bem como a tolerância aos erros cometidos. Na verdade, mais que qualquer outro fator, o que distingue o Vale do Silício como a capital mundial da inovação é a maneira pela qual empresários, engenheiros e tecnólogos tratam seus fracassos. Randy Komisar, CEO da famosa empresa de capital de risco Kleiner Perkins Caufield Byers, afirma que o Vale do Silício é uma "cultura de fracasso construtivo".[7] Aqui, também, os exemplos são numerosos.

A Apple hoje é famosa pelo iPod, iPad, iPhone e outros sucessos que revolucionaram o mercado. As pessoas se esquecem, porém, de que o Apple Newton foi um fracasso retumbante, mas a Apple se baseou nele para criar sucessos posteriores. Foi um fracasso construtivo, assim como o Omega, programa de banco de dados que tecnólogos da Microsoft passaram anos desenvolvendo, para no fim ser um total fracasso no mercado. Aqui, mais uma vez, as habilidades e o conhecimento que os engenheiros desenvolveram ao trabalhar nesse fracassado projeto foram indispensáveis mais adiante, quando criaram o altamente bem-sucedido Microsoft Access. A Microsoft investiu recursos significativos na tentativa de criar um sistema operacional em conjunto com a IBM, outra grande decepção, mas que acabou levando ao sistema Windows NT. Várias tentativas de criar uma planilha que pudesse competir com o Lotus 1-2-3 resultaram no desenvolvimento do Microsoft Excel.

A Google também pode apontar para uma longa lista de fracassos construtivos ao longo do caminho para a construção de uma capitalização de mercado da ordem de trilhões de dólares. Em uma análise retrospectiva, um fracasso é quase engraçado. Apesar do nome, o Google Video originalmente não permitia que se assistisse a vídeos – o principal recurso demandado pelos usuários. Assim, a Google imediatamente começou a trabalhar para obter os direitos de reproduzir vídeos e desenvolver um bom *player* para o navegador. Para Marissa Mayer, Vice-Presidente de produtos de busca e experiência do usuário da Google, o que importa é menos o erro, e mais o rescaldo.

As pessoas dizem: "Olhem a Google e esse monte de inovação"; elas se lembram dos pontos altos e perguntam: "Mas vocês já cometeram algum erro?" A resposta é: Cometemos erros o tempo todo; todos os dias, milhares de coisas dão errado com a Google e com esse produto. No entanto, lançamos produtos e interagimos com muita rapidez, portanto as pessoas se esquecem dos erros que cometemos e têm grande respeito pela rapidez com a qual desenvolvemos e aperfeiçoamos o produto.[8]

Mas não se chega ao tipo de resultado positivo – ou seja, ao fracasso construtivo – que venho descrevendo nesta seção sem uma mentalidade que valorize a inovação e entenda que a incubação de ideias exige tempo e recursos. A Google espera que todos os funcionários dediquem 20% do tempo de expediente a alguma ideia criativa que faça parte de suas responsabilidades cotidianas. É uma enorme margem de manobra para experimentar e buscar intuições e ideias, e também uma expressão vital do que James Brian Quinn chama de "caos controlado" – mistura de estabilidade e instabilidade, mudanças planejadas e não planejadas, autonomia e controle.[9]

Segurança para experimentar e aprender

À primeira vista, um quarteto de jazz teria pouco em comum com, digamos, uma linha de montagem ou uma cabine de um avião comercial. O jazz incentiva a repetição de frases musicais. As melhores performances raramente se repetem. Como vimos, os jazzistas não corrigem tanto os erros; ao contrário, os reconhecem e se adaptam a eles. Se o piloto de um voo de Nova York a Chicago descobre que está alguns graus fora da rota e decide seguir uma nova rota, digamos, até Dallas, os passageiros com certeza não ficarão muito contentes. Os supervisores de linha de montagem também não gostam muito de estimular a experimentação no trabalho. As indústrias precisam operar com eficiência e precisão, o oposto aparente do mantra do jazz, de criatividade em série.

Entretanto, os dois tipos de organização constituem complexos sistemas de aprendizado. (Voltarei ao assunto no Capítulo 4.) Ambos atuam em ambientes propensos a erros por sua própria natureza e se saem melhor quando tratam os erros como oportunidades de aprendizado essenciais, não como um crime ou delito. Assim, para os dois tipos de organização, uma das principais funções da liderança é garantir que as pessoas aprendam com os erros, em vez de escondê-los ou discorrer sobre eles.

Como uma fábrica bem administrada, a Marinha dos Estados Unidos é organizada de modo a maximizar a eficiência e a confiabilidade, mas quando ensina oficiais a conduzir um navio, a Marinha não é assim tão diferente de uma jam session. Vários oficiais menos graduados e um ou mais oficiais superiores estão na ponte de comando. Enquanto o oficial menos graduado está aprendendo a governar o navio, seu superior dá ordens corretivas na presença do grupo inteiro. Assim, ocorre o aprendizado conjunto, embora ninguém chame atenção explicitamente para o fato e ninguém dê a impressão de notar o que está acontecendo. Os oficiais menos graduados que ainda não tiveram chance de assumir o controle — ou seja, de comandar sozinhos o navio — aprendem com os erros e como corrigi-los. Enquanto isso, os oficiais mais graduados aprendem que tipos de erro ocorrem com mais frequência, a instruir melhor os menos experientes para evitar os erros no futuro e a compartilhar informações de forma a beneficiar não só o operador, mas também aqueles que um dia desempenharão a mesma função.[10]

Os hospitais são outro ambiente de alta confiabilidade e alto risco nos quais os erros são inevitáveis e que, às vezes, são uma questão de vida ou morte. Em 2000, o Institute of Medicine relatou que entre 44 mil e 98 mil pessoas morrem anualmente em hospitais dos Estados Unidos em decorrência de erros. Evidentemente, erros com consequências menos trágicas são muito mais frequentes nos hospitais do que se relata. A solução tradicional para garantir o bem-estar e a segurança do paciente é o treinamento e o desempenho de médicos e enfermeiros. No entanto, pesquisadores como Amy Edmondson, da Harvard Business School, sugeriram ser também fundamental desenvolver culturas organizacionais que permitam às pessoas aprender com os erros. Edmondson e outros argumentam que, devidas às inevitáveis falhas em sistemas complexos, o desenvolvimento da capacidade organizacional de aprender com esses erros constitui um imperativo estratégico.[11]

Para Edmondson, a maior inimiga do aprendizado nessas situações é a pressão para fingir que os erros não aconteceram. As pessoas precisam se sentir seguras o suficiente para falar sobre os erros que cometeram. É preciso haver a noção de que é permitido assumir riscos interpessoais. Será que a equipe se respeita e se valoriza mutuamente? Os participantes têm a segurança de que aqueles que revelarem os erros cometidos, questionarem práticas comuns ou opiniões predominantes não serão repreendidos, marginalizados ou penalizados? Quando há segurança psicológica suficiente, as pessoas se confrontam abertamente e discutem os erros.

Às vezes, há algo de irônico nessas culturas. Enquanto pesquisava equipes de enfermagem na emergência de hospitais e em centros cirúrgicos, Edmondson examinou as unidades com maiores índices em termos de liderança e a saúde da cultura organizacional. Chegou à seguinte conclusão: as equipes mais saudáveis e com liderança mais forte relatavam mais erros. Inicialmente, Edmondson pressupôs que tinha havido um erro na digitação dos dados. Como seria possível? Entretanto, após analisar repetidas vezes e mais detalhadamente os dados, os resultados foram confirmados: as equipes que relatavam mais erros eram, na verdade, as com culturas *mais fortes* e melhor liderança. Edmondson investigou ainda mais e acabou descobrindo que, nessas equipes, a expectativa dos líderes era a de que as pessoas relatassem e discutissem os erros. Porém, mais importante que as expectativas dos líderes é a análise do impacto – o comportamento real dos funcionários e os benefícios para o sistema. Os empregados relataram erros e aprenderam com eles. O número real pode ter sido maior que o relatado, mas os erros reais foram reduzidos porque as pessoas aprenderam em conjunto e estavam dispostas a admiti-los e lidar com eles, em vez de varrê-los para debaixo do tapete.

Por mais importante que seja tratar os erros como oportunidade de aprendizado, é igualmente fundamental desenvolver uma cultura na qual as pessoas se sintam à vontade para admiti-los e discuti-los e que exija o nivelamento das diferenças de status. Várias pesquisas mostram que a hierarquia é o maior obstáculo à segurança psicológica que permite às pessoas aprender com os erros. Quando os detentores desse status são distantes ou intimidadores, os que estão abaixo deles tendem a manter o prestígio ocultando ou ignorando erros.

No livro *Teaming*, Amy Edmondson descreve três cenários. Uma enfermeira tem dúvidas sobre a medicação administrada a um dos pacientes, mas hesita em chamar o médico. Um copiloto não avisa quando vê um sinal de advertência. Um executivo em ascensão não expressa suas reservas a respeito de uma aquisição planejada ou sobre o que desconfia ser um esquema de pirâmide porque seus superiores parecem ávidos por sua concretização.[12] Os exemplos são inúmeros e, não raros, dolorosos. No best-seller *Fora de série* (Sextante), Malcolm Gladwell credita o maior número de acidentes nas companhias aéreas coreanas à suposição de que, na cultura coreana, o status é altamente considerado, o que dificulta o diálogo e o questionamento de um superior na hierarquia. É uma cultura na qual se espera que as pessoas respeitem os mais velhos e superiores, e Gladwell apresenta exemplos de incidentes nos quais o copiloto sabia da existência de problemas no avião, mas não os comunicou ao superior.[13]

"Quando os indivíduos aprendem, o processo de tentativa e erro – propor algo, experimentá-lo e, em seguida, aceitá-lo ou rejeitá-lo – não é público. Entretanto, em uma equipe, as pessoas se arriscam a parecer ignorantes ou incompetentes quando experimentam algo novo", escreve Edmondson em *Speeding Up Learning*.[14] Para superar os obstáculos hierárquicos, Edmondson e seus colegas pesquisadores defendem o que chamam de "modelo de falibilidade" – líderes de equipe que poderiam dizer, por exemplo: "Estraguei tudo. Avaliei mal a situação."[15] Mesmo em cirurgias cardíacas de peito aberto, as equipes chefiadas por um "líder voltado para o aprendizado", que promovia "um ambiente de aprendizado receptivo a erros da equipe", foram mais bem-sucedidas na adoção e execução de uma nova técnica cirúrgica – no caso, cirurgia cardíaca minimamente invasiva. Um cirurgião citado por Edmondson disse à equipe em várias ocasiões: "Preciso ouvir a opinião de vocês porque tenho tendência a não perceber certos aspectos."[16] Atitudes como essa por parte da alta liderança podem fazer muito à criação de uma cultura de segurança psicológica.

Por outro lado, o não uso dos erros para aprender e eliminar diferenças de status muitas vezes indica inércia organizacional. Max Bazerman e Michael Watkins argumentam que as organizações que não aprendem com os erros ficam vulneráveis a surpresas previsíveis. Sim Sitkin associa a falta de vontade aparentemente inócua das organizações de acatar pequenos erros contemporâneos ao fracasso geral na hora de reagir a futuras crises.[17] Em um exemplo bem documentado, Robert Ulmer, Timothy Sellnow e Matthew Seeger descobriram que "muitas falhas na cultura organizacional da NASA que levaram ao desastre do *Challenger* reapareceram uma década e meia mais tarde, na crise do *Columbia*", mesmo depois de implementadas "mudanças drásticas na liderança, na estrutura da nave e nos procedimentos de comunicação para sanar problemas encontrados durante a investigação sobre o desastre do ônibus espacial *Challenger*".[18]

Os perigos da perfeição

Oscar Peterson foi (e ainda é) o mais ágil pianista de jazz que já ouvi, além de ser um de meus músicos favoritos. Já mencionei que fiquei chocado ao descobrir, quando ingressei no mundo do jazz, que nem todos gostavam de Peterson, embora fosse muito admirado. Aqueles licks incrivelmente complexos, tocados em uma velocidade impressionante e com grande virtuosismo lhe custaram muito, como afirmam os colegas. Peterson não se contentava com pouco: em vez de se esforçar além dos próprios limites e aprimorar sua habilidade o máximo possível, ele almejava a perfeição.

Só mais tarde fui entender por quê. Primeiro, Peterson teve aulas de piano clássico com um ex-aluno do virtuoso pianista Franz Liszt. Os músicos eruditos buscam a prática como modo de conseguir a execução impecável. Isso era só uma parte do problema, mas havia outra razão que poderia ter dificultado ainda mais para que Peterson se arriscasse demasiadamente em ambientes públicos. Ele alcançou espetacular sucesso muito cedo na vida. Aos 14 anos, foi vencedor de uma competição de piano no Canadá. Uma década depois, aos 24 anos, foi descoberto pelo grande empresário do jazz Norman Granz, que conseguiu uma oportunidade para que ele tocasse em uma parte do concerto da famosa série "Jazz at the Philharmonic", no Carnegie Hall. O concerto era o auge do mundo do jazz. Antes de completar 25 anos, Peterson já tocava com os maiores jazzistas de sua época – Dizzie Gillespie, Lester Young, Roy Eldridge e outros – e se apresentava em um dos mais famosos auditórios de música clássica do mundo. Com uma formação como essa, é compreensível que tenha tido tanta dificuldade de se arriscar a cometer um erro em público.

Pensei em tudo isso há alguns anos, quando ouvi o sax-tenorista Sonny Rollins tocar no Ronnie Scott's, lendário clube de jazz em Londres. Rollins, como disse antes, costuma ser considerado o maior improvisador vivo. Seu compromisso em experimentar continuamente algo novo, mesmo além de sua zona de conforto, é lendário. Um efeito dessa experimentação sem limites: Rollins às vezes se excede. Não digo que tenha sido o caso em Londres, mas fui assisti-lo duas vezes seguidas, e ele parecia um músico diferente nas duas ocasiões. Eu conhecia a música; era um *standard*. Mas ele a tocou de uma maneira tão nova que tive dificuldade para identificá-la. Mais tarde, percebi que ele excedera os limites da harmonia em um *standard*. Houve erros, com certeza, mas havia muito a aprender com cada um deles.

Jazzistas muitas vezes aprendem "modelos de falibilidade" com os professores. Eles falam sobre relações de aprendizagem provocativa que o fazem se render às possibilidades, não à defesa da lei. O trompetista

Wynton Marsalis cresceu sob a tutela de um mestre pianista que, por acaso, era seu pai, Ellis Marsalis. Em uma gravação, ele pediu ao pai para tocar piano. De acordo com Wynton:

> *Meu pai é muito melhor e tem muito mais estilo que eu, mas tenho a liberdade de lhe dizer: "Não gostei do que você tocou aqui", e ele vai parar e dizer: "Então o que você quer?" Aí, respondo: "Por que não faz isso assim, assim, assado?", e ele experimenta. Esse é o meu pai, cara... Se eu dissesse que não gostava de algo, ele mudava, pelo menos buscava uma alternativa, porque é um músico sensível. Quanto mais me afasto dele, cara, mais vejo o quanto aprendi com ele só de observá-lo. Meu pai foi um grande exemplo para mim.*[19]

Essa troca é um microcosmo de uma relação de aprendizagem provocativa que cultiva uma estética de receptividade e de surpresa. Nessa situação, Wynton aparentemente tem um insight musical que considera harmonicamente mais adequado que os acordes que o pianista (seu pai) tocava. Ao ouvir as sugestões do líder da banda (ou seja, o filho, Wynton), Ellis (o pai) não insiste que suas ideias musicais estejam corretas nem tenta apresentar justificativas para explicar sua escolha, mas acata imediatamente as sugestões do filho.

Quem está aprendendo aqui? Esse é um excelente exemplo de superação de barreiras de status para criar um momento de aprendizagem. Ellis pode parecer ser o aluno, pois experimenta ideias musicais diferentes, mas, após uma análise mais detalhada, percebemos outro tipo de aprendizagem. O pai está ensinando ao filho uma abordagem receptiva e não defensiva ao questionamento, e Wynton parece sair da situação com um insight duradouro, admirando a abordagem e imersão de Ellis na música, bem como sua abertura à aprendizagem e ao compromisso com a invenção criativa. O jovem Wynton estava aprendendo que até os músicos experientes e admirados precisam se dispor a abandonar práticas com as quais se sintam à vontade e abdicar de posturas de status estabelecido que impeçam o surgimento de boas ideias – uma lição útil em qualquer área.

Assumindo riscos em uma zona de segurança

Certamente, os erros acontecem em quaisquer sistemas complexos. É certo, também, que ninguém sai por aí comemorando a ocorrência deles. (A própria palavra "erro" diz tudo!) Mas o que acontece quando você cria uma zona de segurança psicológica que considera a imperfeição e permite a experimentação e reações que podem não ser as mais corretas? Considere o exemplo a seguir, bastante trivial, mas que diz muito sobre minha área de atuação permanente: a The Naval Postgraduate School (Escola Naval de Pós-Graduação), em Monterey, Califórnia.

Meu colega, Ted Lewis, é responsável por um programa de desenvolvimento de executivos muito bem-sucedido em nosso *campus*. Várias vezes por ano, um grupo de gerentes de alto nível e de várias partes do mundo se reúne para participar de um curso intensivo ministrado por um corpo docente escolhido por Lewis. Os executivos chegam aos domingos para um curso de duas semanas. Em geral, as sessões ocorrem normalmente, sem incidentes, mas nem sempre é assim.

Há alguns anos, quando uma das novas sessões de Lewis estava quase começando, uma denúncia, às 4 horas, de uma possível bomba no local provocou o fechamento imediato do *campus*. Lewis soube do fato quando verificou seus e-mails, às 7h30 do dia seguinte, e, como era de se esperar, entrou em pânico. Os 34 executivos hospedados em um hotel local deveriam chegar ao *campus* em uma hora e encontrariam o local isolado. Vários professores também viriam de fora e certamente ficariam tão irritados com o possível cancelamento quanto os altos executivos, pois teriam viajado especialmente para o curso.

Preocupado (um eufemismo), Lewis pegou o telefone e ligou para a secretária, Mary Lou Johnson; a linha estava ocupada, e o pânico só aumentava. Esperou alguns minutos e tentou novamente, conforme me contou mais tarde; só então descobriu por que a linha estava continuamente ocupada. Mary Lou Johnson soubera da denúncia de bomba e do isolamento do *campus* uma hora e meia antes. Naqueles 90 minutos, ligara para um centro de conferência de um hotel local e reservara um auditório disponível. Também alugara material audiovisual e outros equipamentos necessários, inclusive *flip charts* e marcadores, providenciara a arrumação das cadeiras para que se assemelhasse a uma sala de aula, garantira o transporte ao centro de conferência, avisara o hotel no qual os executivos estavam hospedados do novo local e notificara os executivos da ocorrência. Às 8 horas, quando os professores chegaram ao auditório os alunos já estavam acomodados e a postos. Lewis ficou mais que agradavelmente surpreso com a ousada iniciativa da secretária ao tomar todas as providências sem notificá-lo nem pedir permissão. Na verdade, ficou impressionado.

Como Mary Lou Johnson sabia que tinha autonomia para tomar essas iniciativas? Lewis nunca lhe dera permissão explícita para esse tipo de iniciativa. Nada na descrição do cargo remetia a essas expectativas; na realidade, teria sido impossível antever ou explicitar esses obstáculos e desafios. Porém, em grande medida, a questão é exatamente essa. Por força da palavra, e, mais fortemente, do exemplo, Mary Lou tivera *liberdade para reagir às demandas da situação*. Se estivesse obcecada com o medo de falhar, nunca teria sido capaz de fazê-lo.

Em alguns contextos, podemos pensar que ela se arriscou muito ao tomar decisões ousadas sem antes consultar o chefe; com certeza, alguns chefes teriam ficado extremamente insatisfeitos por não terem sido consultados. Alguns chefes podem deixar claro, mesmo que implicitamente, que precisam ser informados. Alguns se sentem publicamente constrangidos. Mas, neste caso, uma relação de confiança tácita entre o líder e os funcionários criou uma zona de segurança para que Mary Lou tivesse autonomia para agir justamente quando precisava tomar providências urgentes. Em uma análise retrospectiva do incidente, Lewis afirmou: "Percebi que posso me tranquilizar de que a situação está sob controle quando sou o último a saber de algo."

E se Mary Lou Johnson tivesse errado em seu julgamento? E se o pessoal de segurança tivesse suposto que a denúncia de bomba era um alarme falso e o *campus* fosse reaberto a tempo para a aula, conforme o programado? Não havia qualquer garantia, e temos de reconhecer que Mary Lou correu um enorme risco. O custo do aluguel do auditório e do transporte era significativo, e o departamento – como praticamente todos os departamentos acadêmicos nos dias de hoje – enfrentava restrições orçamentárias. Em vez de um ato heroico, sua busca frenética por um novo local para as aulas poderia ter resultado em desperdício desnecessário de dinheiro para um departamento em contenção de despesas. Independentemente de seus esforços, seu chefe poderia tê-la criticado veementemente, em vez de apenas dar de ombros, se, por exemplo, estivesse em um dia ruim. Melhor ter amado e perdido, como diz o velho ditado, que nunca ter amado.

Mas a história também diz algo importante não só sobre a cultura, mas sobre a liderança que permite às pessoas nos níveis médio e baixo de uma organização agirem como Mary Lou Johnson. Ela poderia ter evitado o risco e transferido a responsabilidade da resolução a outra pessoa. Afinal, a culpa não era dela e a descrição de seu cargo não previa que ela deveria tomar qualquer providência no caso de uma denúncia de bomba que resultasse no isolamento do *campus*. No entanto, nesse departamento, os líderes comunicaram a importância de servir aos clientes e de proporcionar uma excelente experiência educacional; a estrutura organizacional era mínima e permitia que as pessoas tivessem autonomia máxima para agir; havia forte concordância sobre a importância de servir aos clientes; os esforços criativos eram valorizados; as pessoas contavam histórias de ocasiões em que outras responderam a demandas inesperadas e incomuns. Todas essas mensagens foram responsáveis pelo sucesso da solução, e provavelmente nunca passou pela cabeça de Mary Lou Johnson que ela estaria ultrapassando limites.

Aventurando-se em meio ao perigo e à animação

Não seria ótimo se os sistemas complexos fossem simples e isentos de erros? Se os seres humanos, falíveis, fossem infalivelmente perfeitos? Se, no local de trabalho e no mundo dos negócios em geral, nunca houvesse erupções violentas e mares tempestuosos? Na realidade, não. A verdade é que as pessoas muitas vezes aprendem melhor quando se aventuram em meio ao perigo e à emoção, quando mergulham profundamente na atividade em questão. Pesquisas mostram que, quando totalmente engajadas no trabalho, as pessoas se empenham mais para contribuir para o sucesso da organização. William Kahn chama o engajamento de "aproveitamento dos próprios membros da organização em suas funções no trabalho; no engajamento, as pessoas se expressam física, cognitiva e emocionalmente no desempenho da função".[20]

A caracterização padrão do gerente competente o retrata como observador independente – analítico e imparcial –, longe do imediatismo dos conflitos, para assim lidar objetivamente com os desafios. Quando surgem situações novas e desafiadoras, "espera-se" que os líderes não percam a calma e busquem uma explicação analítica. A ação está dentro da mente: a gestão é um processo que envolve percepção de discrepâncias, afastamento, análise e resolução mental de problemas. Na prática, porém, a análise intelectual independente em geral significa que as pessoas fazem perguntas familiares, geram classificações-padrão e produzem respostas previsíveis. A adoção de tal mentalidade de afastamento tem muito mais probabilidade de manter as rotinas já estabelecidas que de gerar insights revolucionários.

Os jazzistas, por outro lado, falam frequentemente em abrir mão da ponderação e do controle. Empregam atenção consciente e ponderada na prática, mas, no momento em que são chamados a entrar em ação, esse esforço consciente se torna um obstáculo. O excesso de regulação e controle limita o surgimento de novas ideias. Para acertar no jazz, os músicos precisam *abrir mão* dos esforços conscientes, por meio do enfrentamento intencional de desafios desconhecidos, desenvolvimento de relacionamentos que propiciem o aprendizado provocativo e pela criação de rupturas incrementais que exijam experimentação e risco. Nas palavras do saxofonista Ken Peplowski: "Você reconhece e segue todas as escalas e acordes que aprendeu, e então deixa a intuição fluir na música. Depois, se esquece totalmente dessas ferramentas: relaxa e deixa a intervenção divina assumir."[21] Peplowski continuou:

Quando me saio melhor, constato muitas vezes que, na realidade, não estou pensando em nada, é como se eu tivesse uma experiência em que saísse de mim e me observasse do alto, tocando. É muito estranho. Na verdade, é como se pudesse ouvir o que estou tocando e também o resto do grupo, e posso ser totalmente objetivo e relaxado. E, veja bem, também totalmente subjetivo, porque está reagindo a tudo ao redor.

É a isso que me refiro quando falo sobre se lançar e agir. Os melhores jazzistas flertam com o desastre. Buscam ativamente não o controle, mas o oposto – o momento de se render à música e a todas as suas possibilidades, boas ou más, o momento em que "não resta nada de você, apenas uma tensão sem objetivo", nas palavras de Peplowski. Entregam-se inteiramente ao momento. Voltando a um de meus assuntos favoritos, quando os jazzistas se arriscam assim, os alcançam o que Kierkegaard, no ensaio *The Present Age,* chamou de "engajamento essencial".

Kierkegaard se referia especificamente à imprensa – como ela diminuíra o debate e o contato pessoais nos cafés e os transformara em impessoais páginas de jornais e revistas, que permitem que as pessoas se expressem a uma distância segura, imposta pela falta de contato pessoal, sem qualquer noção de responsabilidade. Hoje já fomos além da palavra impressa, mas o que Kierkegaard tinha a dizer se aplica igualmente aos tempos atuais. "O Público não é um povo, uma geração, uma época, não é uma comunidade, uma associação ou essas pessoas específicas, pois todos esses elementos apenas são o que são em virtude do concreto. Não há um caráter inato no engajamento."[22] Para nos tornarmos seres humanos completos, acreditava Kierkegaard, devemos nos comprometer com a ação, praticar novas habilidades e correr o risco de fracasso público. Somente por meio do engajamento completo é possível ter uma vida significativa.

Talvez seja por isso que, ao contrário do gerente de escritório idealizado, os jazzistas definitivamente não se isolem. Se analisarmos fotos de músicos tocando, veremos que estão totalmente imersos e absortos. Keith Jarrett, quando improvisa, se deixa levar de tal forma pelo momento que, muitas vezes, podemos ouvir seus gemidos.

Na verdade, ao longo dos anos, notei que alguns dos melhores fotógrafos profissionais do mundo são apaixonados por jazzistas. Por quê?

Acredito que uma das razões seja o fato de os jazzistas estarem tão profundamente envolvidos e imersos na música quando tocam. Fotos de Bill Evans, por exemplo, o mostram tocando piano curvado, profundamente mergulhado na música, como se quisesse se fundir ao instrumento. Pela foto, é impossível distinguir onde termina o piano e onde começa o corpo de Bill Evans. Examine uma foto de Stan Getz tocando sax-tenor e verá que ele parece em um estado transcendente. O baixista Ray Brown tem uma expressão de êxtase ao se curvar sobre o instrumento. Esse engajamento é completo, e a única maneira de obtê-lo é se entregar.

Embora não inclua gemidos, a detalhada descrição do professor Lee Fleming sobre a HP (Hewlett-Packard) e o sucesso com as impressoras de jato de tinta é um exemplo de uma organização que mergulha de cabeça e age em várias "tentativas criativas de alta variância" de criar "turbulência tecnológica". A HP explorou alguns conhecimentos já existentes, mas basicamente se dedicou ao desenvolvimento de protótipos e à realização de testes – o que Fleming chama de "um processo repetido e contínuo de busca recombinante" e um "fluxo de episódios de invenção" – para alcançar avanços tecnológicos na impressão com jato de tinta.[23] Os dois inventores-chave da HP, John Vaught e Dave Donald, "consideraram e desenvolveram várias combinações de tintas, resistores, superfícies, eletrodos, explosivos, lasers e materiais piezoelétricos" até conseguirem desenvolver o produto final.

Vaught descreveu parte do processo criativo em janeiro de 1979:

Meus pensamentos iniciais de um projeto eram bastante convencionais... mas antes de as peças serem enviadas à oficina para confecção, projetei um par de eletrodos e usei a tinta entre eles como resistor para vaporizar uma pequena gota de tinta muito próxima à extremidade final do tubo. Construímos esse dispositivo, e Dave providenciou a parte eletrônica para fazê-lo funcionar. Não deu certo, pois não conseguimos que a resistividade da tinta fosse baixa o bastante para produzir calor suficiente; além disso, hidrogênio e oxigênio eram produzidos nos eletrodos. Nova ideia! Vamos produzir uma pequena centelha entre os eletrodos e acender as bolhas para ejetar a gota. Deu certo!

Havia um pequeno problema, porém: não conseguíamos produzir a mistura explosiva de gases com rapidez suficiente para concretizar a visão de 2kHz. Ora, então vamos colocar na centelha toda a energia necessária à vaporização e deixar de lado as explosões de hidrogênio e oxigênio. Deu certo! Durante todo esse tempo, tivemos permissão para transformar a investigação sobre xilogravuras em uma investigação sobre jatos de tinta. Finalmente, estávamos agindo às claras. Dave e eu validamos essa versão e conseguimos colocá-la em operação por dois dias, a 2kHz antes de apresentar defeito, logo em seguida. A culpa era da erosão dos eletrodos. Foi então que surgiu a ideia de um pequeno resistor na parede interna do capilar, que forneceria a energia necessária à vaporização. Durante todo esse tempo, Dave me estimulou insistentemente a anotar todas as ideias; que desperdício de tempo, argumentei.[24]

Mesmo depois que conseguiram fazer a impressora a jato de tinta funcionar como queriam, admitiu John Meyer, um dos engenheiros que trabalharam no projeto, "não estava claro, em um nível elementar, como o mecanismo realmente funcionava".[25]

Vaught se assemelha muito a um jazzista, tanto na implacável experimentação quanto na tolerância aos erros e na fundamental inquietação com o *status quo*. "Fico entediado com muita facilidade", disse Fleming, mas "os laboratórios da HP eram fantásticos: eu tinha de trabalhar em um único campo durante apenas dois ou três anos e depois, como em um passe de mágica, em outro campo inteiramente novo, um paraíso para a criatividade".[26]

Meyer também alude à estética do jazz quando declara a respeito de toda a equipe de inventores: "Estávamos muito *envolvidos* durante esse tempo, as ideias fluíam livremente, algumas pessoas trabalhavam em uma área; outras, em diferentes aspectos da mesma área; não era um processo compartimentado [grifo nosso]."[27] Quando a equipe de produção decidiu construir um protótipo próprio do cabeçote de impressão, o processo foi tão rápido que a equipe acabou perfurando o orifício do jato de tinta à mão com o auxílio de uma agulha de costura emprestada pela esposa de um engenheiro. Enquanto isso, a inspiração vinha de todas as partes, inclusive da máquina de café na mesa do Vaught:

Você pensa em aspectos desconexos... Os inventores não vão para casa um belo dia e têm uma ideia assim, do nada. As ideias vão amadurecendo ao longo do tempo e se devem a muitos fatores. Até onde me lembro da máquina de café [inspiração]... não eram bolhas [que vinham] do nada. Se você deixasse sem tampa, a água fervente começava a respingar e voava café para todos os lados. Quando chega a hora da verdade, você pensa muito.[28]

A história da HP também é especialmente relevante porque demonstra que as inovações revolucionárias não precisam ser necessariamente externas. A HP era uma empresa tradicional que também teve sucesso na criação interna de inovações revolucionárias. Fleming argumenta que o que permitiu à equipe das impressoras de jato de tinta da HP inovar com tanto sucesso foi a diversidade dos componentes: "É menos provável que os engenheiros de uma empresa de engenharia puramente mecânica ou elétrica tenham pensado ou construído essas combinações loucas porque não tinham acesso ou inspiração proporcionados por uma grande variedade de componentes disponíveis."[29]

A IDEO, empresa de design de Palo Alto, é famosa por produzir diversos produtos criativos em uma variedade de setores; entre eles, o de produtos e serviços comerciais, industriais e para o lar. A IDEO inventou o mouse de computador, o Neat Squeeze, o tubo de pasta de dentes que fica de pé, a câmera Polaroid i-Zone, os botões com o polegar para cima e para baixo do videocassete TiVo e assim por diante. Sem dúvida, nenhuma outra empresa faz um trabalho melhor em detectar as necessidades dos clientes e criar novos produtos para supri-las. Mas, na essência do sucesso da IDEO, de acordo com o fundador David Kelley, encontra-se esse mesmo imperativo da diversidade. A empresa atrai funcionários com diversas formações, entre eles profissionais com MBA, engenheiros, programadores e linguistas. A formação e área de atuação importam menos que a capacidade de pensar criativamente. Kelley se refere aos empregados como "malucos" e "estranhos", com orgulho pela diferença. Analisam os problemas de uma variedade de perspectivas e, de acordo com Kelley, essa é a fonte de sua criatividade. Eles mergulham fundo e sugerem ideias, brincam com uma infinidade de materiais e se envolvem fisicamente na criação de protótipos materiais, testando-os, destruindo os antigos e construindo novos.

Nesse ambiente altamente colaborativo, porém intencionalmente variado, os empregados se tornam antropólogos culturais, investigam o mundo dos usuários e se engajam em profunda empatia. Na realidade, realizam basicamente pesquisa de campo, depois se reúnem e compartilham o que notaram em acaloradas sessões de brainstorming. Kelley chama o processo de "caos focado" – expressão que pode ser igualmente aplicada às apresentações de Keith Jarrett. Mas não é apenas o caos que nos lembra do jazz, mas também a própria energia liberada pela diversidade. Quatro saxofonistas tocando juntos nunca aceitariam os erros dos outros três da mesma maneira que um único saxofonista perdoaria e usaria como agente transformador os erros de músicos que tocassem outros instrumentos que não o sax. No jazz ou nos negócios, isso é inovação pura.

CAPÍTULO 4

Estrutura mínima – autonomia máxima

O equilíbrio entre liberdade e limites

O baixista de jazz e compositor Charles Mingus disse certa vez: "Não se pode improvisar sobre o nada. Para improvisar, é preciso partir de algo." Os músicos precisam de uma canção, um tema, um conjunto de notas para embelezar e improvisar em cima, e não são os únicos a se sentirem assim. Robert De Niro, um dos maiores atores da nossa geração, famoso por improvisar cenas brilhantes, argumenta que os atores precisam de limites de personagem e situação para improvisar de forma relevante. Em suma, a improvisação exige regras e algum tipo de ordem.

A improvisação no jazz é um sistema complexo. A informação flui livremente, mas ainda assim tem limitações, os músicos são diversos, mas estão em conformidade e permanecem conectados, as limitações são mínimas e o feedback é não linear. Considerando que existem muitas respostas possíveis para determinados estímulos e que elas podem estimular um comportamento inesperado, esse sistema é um bom candidato para o desenvolvimento da novidade: pequenas mudanças podem ampliar e alterar o estado do sistema, resultando gradualmente em padrões qualitativamente diferentes. As bandas de jazz são "sistemas caóticos", combinação de caos e ordem. O elemento fundamental do planejamento de bandas de jazz e de líderes são as inegociáveis limitações necessárias para que o caos possa levar à criatividade, e não a algo indesejável.

Os músicos procuram e percebem a instabilidade, desordem, novidade, emergência e auto-organização como potenciais elementos para inovação, não como algo a ser evitado, eliminado ou controlado. Na verdade, bandas de jazz são como sistemas à beira do caos. Entender sua complexidade social exige cultivar uma estética que valorize a entrega e a surpresa, em detrimento da certeza, apreço, em detrimento da resolução de problemas, o saber ouvir e a afinação em detrimento do isolamento individual.

Nossa socialização se deu na direção oposta: aprendemos que os sistemas precisam de hierarquia para se organizar e ter alguma ordem estável. Formas mecanicistas de organização alimentam a crença de que o líder individual é o fator mais importante para manter uma empresa na linha.[1] Mas a ênfase em líderes fortes e hierarquia não termina aqui: na tentativa de garantir consistência e eficiência, as organizações muitas vezes tentam evitar sistematicamente mudanças e ambiguidade pela criação de procedimentos operacionais padronizados, objetivos claros e racionalizados e formas de controle centralizado.

Estudos de sistemas adaptativos complexos, no entanto, oferecem outro modelo e sugerem que os sistemas podem atingir coerência e ordem sem qualquer líder de controle ou autoridade central. As formigas, por exemplo, seguem regras muito simples para construir colônias altamente sofisticadas. A ordem se estabelece, e as formigas alcançam um equilíbrio dinâmico, sem um monitor ou diretor independente. De maneira análoga, a ordem se estabelece sem um responsável direto quando colônias de cupins se ajustam delicadamente umas às outras e produzem montes enormes. Formigas e cupins são analogias úteis que podem nos ajudar a considerar a dinâmica sistêmica da ordem emergente sem um organizador central. Mas formigas, cupins e aves agem com base no instinto, não na adaptação consciente. A improvisação humana envolve outro nível de complexidade.

Nas melhores performances de jazz, essa mesma ordem sem ordem entra em ação. Os músicos se envolvem em um diálogo e uma troca contínuos. Os improvisadores entram em um fluxo de invenção contínua, uma combinação de tons, bater de pratos e mudanças dos padrões harmônicos que entremeiam toda a estrutura da música. Os músicos estão envolvidos em fluxos contínuos de atividade: interpretam o que os outros tocam e fazem previsões com base em padrões harmônicos e convenções rítmicas, ao mesmo tempo que tentam moldar suas próprias criações e relacioná-las com o que ouviram.

Os músicos de uma banda de jazz têm suficiente consciência compartilhada da tarefa comum e uns dos outros a ponto de poderem monitorar continuamente o progresso individual e do grupo, mas não são sobrecarregados por demandas de divulgação ou informações excessivas para processar. Cada um leva uma perspectiva singular para o conjunto, e há desacordo e variedade suficientes para que cada enunciado seja interpretado sob um diferente ponto de vista – na verdade, a mesma pessoa poderia facilmente ter uma interpretação diferente da mesma informação musical em uma noite diferente.

Como já vimos, o objetivo de cada apresentação de jazz é encontrar um groove, o estado no qual os músicos conseguem chegar a uma orientação mútua para a batida. Em certo sentido, o groove atua como o que Donald Winnicott chama de "ambiente de segurança", um ninho confiável que proporciona sensação de segurança ontológica, um lugar seguro que permite às pessoas assumir riscos e tomar atitudes.[2] Nas palavras do baterista Charlie Persip: "Ao entrar nesse groove, você o segue sem qualquer esforço ou dor – simplesmente se deixa levar. Por isso é chamado de groove. É onde está a batida, e estamos sempre tentando encontrá-lo."[3]

Como é possível realizar essa mágica? Como funciona o jazz? Como os músicos conseguem se integrar, começar e parar de tocar juntos, tocar dentro dos mesmos padrões harmônicos, se coordenar e se apoiar mutuamente, inovar, responder em tempo real sem qualquer planejamento explícito, controlador central ou autoridade hierárquica? As respostas a todas essas perguntas se encontram tanto na liberdade quanto na vigilância. Os músicos são *livres* para inovar, mas são também *vigilantes* em sua responsabilidade de se preocupar com o outro. Em meio a toda essa liberdade, a música continua coerente, ainda que continue fluindo. É assim que ocorre a improvisação e que se chega à própria natureza da complexidade.

Ciência da complexidade: auto-organização emergente

A Física e a Biologia foram as primeiras a articular a dinâmica da teoria da complexidade, alegando que os sistemas são tão complexos e interdependentes que o pensamento linear e reducionista é inadequado para entendê-los. Esses cientistas estudaram como a natureza evolui e descobriram novos arranjos nos quais os princípios da auto-organização transcendem às propriedades de suas partes, permitindo que pequenas mudanças tenham grandes consequências. Nesses arranjos, as ações surgem quando se alcança o *desequilíbrio*, não a ordem tradicional. Esses complexos sistemas adaptativos são não lineares e, portanto, não podem ser explicados apenas pela divisão e análise de suas partes.

Desde então, a noção de sistemas adaptativos complexos migrou para a literatura sobre gestão e liderança. Meg Wheatley, Ralph Stacey e outros escreveram sobre alternativas aos modelos de controle mecanicistas, que atuam de cima para baixo, sugerindo que levamos a sério a noção proposta pela teoria da complexidade: *que os sistemas são mais criativos quando operam com uma combinação de ordem e caos.*[4] À beira do caos, os sistemas são mais capazes de abandonar estruturas e comportamentos inadequados ou indesejáveis e descobrir novos padrões mais adequados para as mudanças nas circunstâncias.

Segundo o modelo de Wheatley, Stacey *et al.*, as organizações são incentivadas a valorizar a diversidade, a mudança e a transformação, em vez de a previsibilidade, a padronização e a uniformidade. Espera-se também que os executivos considerem a instabilidade, desordem, novidade, emergência e auto-organização por seu potencial inovador, não como algo a ser evitado, eliminado ou controlado. Um novo vocabulário que destaca a fragmentação e a marginalidade gera uma atitude mais positiva em relação a elementos antes considerados incompatíveis com a atividade organizada, voltada para um objetivo.

Embora instigantes, não raro essas sugestões foram prescritivas, não descritivas. O raciocínio é que existem poucos modelos reais de um sistema humano criativo à beira do caos. Mas, como argumento neste capítulo, na verdade temos um modelo muito humano para nos ensinar como a estrutura mínima pode maximizar a diversidade e a autonomia a serviço de resultados criativos: as bandas de jazz.

O jazz funciona porque o processo se desenvolve em torno de pequenos padrões, estruturas mínimas que dão liberdade para florear – um sistema que se equilibra entre os extremos do excesso de autonomia e o excesso de consenso. Assim, muitas vezes, ouvimos que a boa liderança envolve a criação de um consenso para a ação. Uma maneira de ver o jazz é que ele *minimiza o consenso* em torno de padrões básicos e permite o florescimento da diversidade. Quando as bandas de jazz improvisam, a criatividade é reforçada exatamente porque a ênfase recai sobre a coordenação da ação com consenso, divulgação e estruturas, todos reduzidos aos níveis mais simples. Estruturas modestas valorizam a ambiguidade do significado em detrimento da clareza e preservam a indeterminação e o paradoxo em detrimento da divulgação excessiva. Essas semelhanças mínimas são os recursos simples que permitem aos músicos elaborar de formas complexas, equilibrando autonomia com interdependência.

No jazz, a improvisação é coordenada em torno de mudanças nos padrões melódicos e de acordes, marcadas por seções e frases. As músicas seguem regras soltas, tácitas, que permitem a inovação. Geralmente a improvisação se baseia na repetição da estrutura da música. Essas estruturas orientadoras são limitações impessoais e inegociáveis: os músicos não precisam parar para chegar a um acordo ao longo do caminho. Eles conhecem, por exemplo, as mudanças de acorde para "All of Me" ou um blues de 12 compassos; é por isso que mesmo músicos que nunca se viram antes podem, ainda assim, realizar uma jam session e coordenar a ação.

Esses limites moderados servem como pontos de referência que ocorrem de maneira regular e previsível ao longo de toda a música, sinalizando a envolvidos o contexto da mudança. Todos sabem onde todos os outros deveriam estar, que acordes e escalas precisam acompanhar. Essas limitações mínimas lhes permitem liberdade para expressar considerável diversidade – transformando materiais, intervindo no fluxo de eventos musicais e até mesmo mudando de direção.

Uma vez que exista uma orientação mútua em torno do movimento básico dos padrões de acordes, até eles podem ser alterados, aumentados ou substituídos. Mudanças nas canções e nos acordes impõem uma ordem e proporcionam uma noção de coesão e coordenação: todos os músicos sabem onde estão os outros em determinado momento, e, assim, cada músico pode inovar e desenvolver ideias com a garantia de que estão todos orientados para um só lugar.

As mudanças harmônicas são ancoradas pelo baixo. Os baixistas têm uma função fundamental como coordenadores. Seguem a pulsação e, especialmente quando caminham pela seara das mudanças, não deixam de delinear a estrutura harmônica. Cecil McBee, baixista, explica: "É importante que o músico compreenda que sua função é verificar a pulsação, a harmonia e o ritmo ao mesmo tempo. É ele quem define o ritmo. Ou seja, *todos* estão ouvindo o que ele toca, todos estão ouvindo a pulsação e buscam esse som para se orientar. O caminho harmônico, a rítmica-harmônica pulsante que o baixo segue serve como guia para qualquer improvisação... que venha a ocorrer naquele momento."[5]

A ironia aqui é que, ao definir o movimento das cordas, o baixista permite ao pianista tocar o que chamamos de "substituições harmônicas", não os acordes-padrão, predefinidos. Quando floreiam e estendem os acordes em novas direções, os pianistas tornam a música mais interessante, sugerindo vozes e caminho alternativos para o solista, que pode improvisar com base nessas mudanças, criar novas linhas, se afastar de fórmulas-padrão e responder de novas formas. Isso pode também ter o efeito oposto. Se o baixista não estiver ouvindo como o pianista está ampliando e floreando o contorno harmônico, o pianista precisa abrir espaço para o baixista.

O ritmo também permite aos músicos se coordenar e, ao mesmo tempo, divergir; aparente paradoxo, fundamental para a estética do jazz. Quando a sensação do ritmo é forte e confiável, os solistas podem assumir riscos maiores e tocar "fora de tempo", sabendo que, a qualquer momento, podem voltar ao groove. Bem administrada essa tensão, a música se tornará muito inovadora. O baterista Ralph Peterson explica:

> *Quando se está tocando um solo – ritmicamente – o que as notas dizem... [é] quase ou tão importante quanto elas mesmas, porque se você deixar de tocar uma nota, mas o ritmo for lógico, a intenção, ainda assim, pode ser compreendida... independentemente de você acertar a nota exata. Mas, se você errar no tempo – porque música é som organizado no tempo –, aumenta a probabilidade de cometer um dano irreparável àquela parte específica da música.[6]*

Em última análise, três componentes da estrutura mínima de músicas permitem que os jazzistas se coordenem:

- Os jazzistas trabalham dentro de limites claros, não pessoais, ou seja, que não exigem confiança interpessoal. Os músicos sabem que precisam orientar suas escolhas dentro de determinado intervalo de notas que se encaixe no acorde ou na escala, mas não têm de parar para negociar ou debater quais limitações vale a pena seguir. Confiam que todos os outros músicos vão se ajustar aos padrões. Na realidade, recorrem à confiança independente, imparcial, outro aparente paradoxo que chega ao âmago dessa forma de arte.

- Uma vez definidos os limites, os músicos se envolvem em grande quantidade de interação e comunicação em torno desses padrões mínimos. Compartilham as informações contínuas e se ajustam ao que ouvem. As mudanças de acordes ocorrem em torno de cada verso, mas são sugestivas e abertas e esperam para ser plenamente realizadas. As pessoas perseveram, trocam temas musicais e se apoiam em floreios que podem seguir qualquer direção dentro da estrutura conceitual de pequenas regras.

- Essencialmente, também, esses padrões de restrições são pontuados, ocorrem em intervalos regulares e seguem um ritmo temporal. A coordenação é possibilitada pela reunião pontuada que permite separação, convergência e divergência. Como essas restrições alteram cada medida (ou cada batida), tais estruturas inegociáveis são um convite ao diálogo. Nesse meio-tempo, todos podem florear uma frase musical e seguir em direções imprevisíveis, em busca de novos significados.

Em seu novo livro, *Permanent Emergency*, Kip Hawley, ex-chefe da Transportation Security Administration (Administração de Segurança dos Transportes), relata um incidente ocorrido no início de sua carreira, quando era vice-presidente de reengenharia na Pacific Union. Nada era mais importante para o sucesso da ferrovia que a Powder River Basin, em Wyoming – a Union Pacific transportava carvão de lá para usinas de energia ao longo de todo o sistema – e nada era mais difícil de lidar.

Como a pontualidade tinha grande importância – qualquer atraso mais grave na entrega poderia deixar a cidade de Atlanta inteira às escuras – a Union Pacific havia investido enormes recursos para tentar aumentar a eficiência. Levávamos os vagões transportadores de carvão de alta prioridade para uma fila contínua próxima a um único ponto de entrada para a bacia. Avançávamos com os novos vagões vazios assim que o anterior saía. No entanto, em vez de maximizar a eficiência, na verdade estávamos exagerando... E, como na neurocirurgia, não havia espaço para erros.[7]

E, é claro, foi exatamente o que aconteceu – erros, repetidas vezes. Finalmente, depois de ler *Caos: a criação de uma nova ciência* (Campus/Elsevier), de James Gleick, Hawley escreve que teve uma epifania. Em vez de enfileirar os vagões de alta prioridade, o que faria um atraso afetar todos os outros, a empresa os colocava mais distantes ao longo do sistema e os avançava quando necessário. Desacelerando, em vez de acelerar o enfileiramento dos vagões, a Union Pacific aumentou 30% a contagem diária de vagões de carvão.

"Aceitando erros, criamos um sistema muito mais robusto", escreve. "Afrouxando um pouco o controle, tornamos nosso sistema inteiro mais forte e menos vulnerável a um evento de alto impacto, como uma locomotiva quebrada ou um deslizamento de terra – erros catastróficos em um ambiente de controle excessivo."[8]

É exatamente isso que faz o jazz.

Promovendo novas ideias e criando novos produtos e serviços: projetos e protótipos

Nas organizações, o que seria o equivalente a estruturas mínimas, inegociáveis e impessoais, no sentido de que os participantes aceitam tacitamente regras que não precisam ser constantemente articuladas? Como as organizações podem obter uma coordenação fluida sem sacrificar a criatividade e as contribuições individuais?

Karl Weick sugere que o equivalente organizacional da estrutura mínima poderiam ser os credos, visões, slogans, declarações de missão e marcas registradas.[9] Slogans de empresas como o da FedEx, "The World – on Time" ("O mundo – em tempo"), ou seu lema anterior, "Quando precisa necessariamente chegar ao destino no dia seguinte", são expressões marcantes que aguardam floreios e estimulam a criação em cima dessa versão do caminho melódico do jazz. No espírito de restrições e consenso mínimos, manter essas frases ambivalentes na realidade se torna um ponto forte da organização, porque, dessa maneira, as frases estão abertas a diversas interpretações, talvez até contraditórias. Às vezes, há *excesso de clareza* nas organizações. A especificação excessiva de exigências e expectativas pode limitar a imaginação do funcionário e, portanto, sua capacidade de reagir no momento. Lemas como o da FedEx são estruturas abertas à ação, que sugerem caminhos e respostas para situações completamente imprevisíveis.

Considere o papel organizacional de histórias e mitos e como eles provocam respostas criativas nas pessoas. Histórias como a do funcionário da Nordstrom, que pagou o estacionamento do cliente, são como as mudanças de acordes de uma canção. Sempre que um cliente parece ser maltratado, as histórias persistem em nossa cabeça como lembretes e estimulam outros empregados a ter ideias para florear a melodia, com iniciativas incomuns para satisfazer o cliente.

Esses mesmos princípios se aplicam à coordenação de projetos e desenvolvimento de novos produtos. Os gerentes normalmente prestam atenção desproporcional aos começos e fins, implementam estruturas para lançar um projeto. Prazos e datas de entrega se tornam constante pressão, mas raramente se fala muito sobre coordenação em tempo real depois de iniciado o projeto. A sedimentação se instala. As pessoas ficam imersas nos próprios mundos, de modo que, quando alguém altera a ação ou muda de direção, ninguém sabe ao certo onde estão os outros, que outras mudanças realizaram e que ajustes eles próprios devem fazer. Resultado: sentem-se demasiado restritos para adotar qualquer ação criativa ou, quando o fazem, descobrem tarde demais que causaram grandes problemas aos outros. Toda banda de jazz tem sessões como essas – às vezes, nunca se encontra o groove –, mas ninguém anseia por essas ocasiões.

Uma rota organizacional para o equivalente do sucesso na improvisação musical pode ser a rápida definição de um protótipo, incluindo a mudança e a atualização regulares do projeto. Essa prática quase obrigaria a comunicação interdisciplinar, para que as pessoas pudessem criar sabendo como e onde suas ideias se encaixam na evolução do sistema.

Foi basicamente o que fez a Kodak quando criou a câmera FunSaver, há mais de duas décadas. Em vez de trabalhar separadamente, os departamentos de engenharia, produção e marketing criaram um espaço de trabalho comum e trabalharam em conjunto no desenvolvimento de um protótipo da câmera. Os designers fizeram alterações e deram contribuições criativas para as peças, mas também atualizaram regularmente o projeto da câmera como um todo. Todas as manhãs, as alterações eram divulgadas e disponibilizadas para que todos vissem os resultados dos contínuos esforços conjuntos, e cada membro da equipe sabia onde os outros estavam em todas as fases do projeto.

A atual tecnologia de computador pode aperfeiçoar ainda mais esse processo. O acesso público instantâneo e constante às mudanças e outras contribuições permite que todos os envolvidos fiquem em sintonia com a possível direção, como uma mudança no movimento básico do acorde. As pessoas acrescentam variantes – como o baterista que acrescenta timbres – que podem inspirar inovações. Protótipos rápidos funcionam como a estrutura livre da canção. Deixam espaço para pausas e desvios, mas, ainda assim, continua havendo estrutura suficiente para que os músicos tenham confiança mútua para tocar juntos. A atualização temporal da estrutura mínima informa a todos onde estão os demais em suas inovações incrementais e aumenta a probabilidade de que as pessoas alcancem consciência coletiva ao longo da vida do projeto.

Inovação e autonomia orientada

Ao dizer sim à desordem e valorizar a arte da improvisação, os líderes podem criar condições para a *autonomia orientada*: identificando as limitadas estruturas e restrições que facilitam a coordenação em torno de atividades centrais. Isso significa maximizar oportunidades para a diversidade, em vez de insistir na unidade ou no excesso de concordância. Protegendo-se contra a armadilha do "excesso de consenso", os líderes proporcionam aos subordinados liberdade adicional para experimentar e responder aos tipos de intuição na qual a verdadeira inovação costuma ser encontrada.

Dov Frohman e Robert Howard escrevem sobre esse desafio gerencial, muitas vezes mais profundo, no livro *Leadearship the Hard Way*: "O objetivo de um líder deve ser maximizar a resistência – no sentido de incentivar o desacordo e a discordância. Quando uma organização está em crise, a falta de resistência pode ser um grande problema, pode significar que a mudança que você está tentando criar não é radical o bastante... ou que a oposição age de modo oculto. Se você não está ciente de que as pessoas da organização discordam de você, então está em apuros."[10]

O excesso de consenso é tão perigoso como a falta. O segredo está em conseguir concordância suficiente ao longo do tempo, de modo que indivíduos e grupos tenham liberdade para florear, diversificar e fazer algo novo e criativo, sabendo como e onde os outros são orientados. Quando toco jazz, não sei ao certo o que as outras pessoas estão tocando ou o que vai acontecer. Entretanto, sei que determinadas músicas se manterão perto de acorde em ré menor, e isso que me dá enorme liberdade. Em geral, nas organizações, os líderes pensam que se houver regras, papéis e responsabilidades claros, a inovação será uma consequência lógica. Na maior parte das vezes, os resultados seguem uma direção totalmente contrária.

A Wikipédia, enciclopédia on-line de fonte aberta, lançada em janeiro de 2001, é um exemplo perfeito da inovação não pela estrutura, mas por autonomia orientada. Fundada por Larry Sanger e Jimmy Wales, a Wikipédia se destinava originalmente a ser algo semelhante à Nupedia, enciclopédia on-line já existente, editada por especialistas reconhecidos. Na Wikipédia, as limitações são poucas – qualquer pessoa pode editar um verbete. As estruturas são mínimas – os links podem levar uma única entrada a direções quase infinitas. As regras permanecem, em grande parte, tácitas e impessoais, e as repetições são comuns. Os leitores, por exemplo, são constantemente convidados a "desambiguar" artigos, o que pode levar à maior "desambiguação" e assim por diante. A "precisão", consequentemente, é sempre uma espécie de alvo móvel. Alguém, em algum lugar – na verdade, muitas pessoas em muitos lugares –, está sempre revoltado com a Wikipédia: os fatos são imprecisos, a ênfase está errada. Mas a discordância em si faz parte do processo criativo, parte do impulso que mantém a enciclopédia dinâmica. E o resultado geral na superautoestrada da informação tem sido praticamente milagroso: um conjunto de mais de 15 milhões de artigos gratuitos para o público, acessíveis globalmente, em mais de 200 idiomas. Os softwares gratuitos e de fonte aberta – ou seja, que podem ser livremente copiados, modificados e reutilizados – têm uma história semelhante e muito mais profunda. Nos primórdios da computação, praticamente todos os softwares eram gratuitos. A partir do fim na década de 1960, porém, uma sucessão de processos judiciais e práticas setoriais diminuiu cada vez mais o uso de software compartilhado, e, no início da década de 1980, a grande maioria dos softwares estava disponível apenas para venda.

Em 1983, Richard Stallman, do Artificial Intelligence Laboratory, do MIT, iniciou o movimento contra a comercialização com o GNU Project, que promovia o software gratuito. Nove anos mais tarde, Linus Torvalds lançou seu Linux Kernel (núcleo do sistema operacional Linux), código-fonte que poderia ser modificado livremente e que, rápido, atraiu programadores voluntários, assim como a Wikipédia também atraiu colaboradores voluntários. Como no caso da Wikipédia, a estrutura permanece mínima e há poucas restrições com Linux Kernel. Torvalds "orienta" a autonomia. Os colaboradores precisam necessariamente respeitar o código original – parafraseando Charlie Mingus, "não se pode improvisar sobre o zero", mas o código em si está em um estado constante de criação, assim como no jazz.

Conexão livre e capacidade dinâmica

As bandas de jazz carregam na manga restrições mínimas. Os músicos são livres para transformar materiais e intervir no fluxo de eventos musicais, alterando a direção do trecho. Uma vez que exista uma orientação mútua em torno do movimento básico dos padrões de acordes, eles mesmos podem ser alterados, aumentados ou substituídos.

Com outras organizações, a identificação do processo pode ser mais difícil, mas o efeito é basicamente o mesmo. Um grupo saudável normalmente alterna entre a conexão mais rígida e mais livre ao longo do tempo. Não se alcança a coordenação com regras estáticas, mas por meio da evolução do vínculo entre os participantes, permitindo o surgimento de desvios surpreendentes. Existe uma interdependência forte o suficiente para concluir tarefas e fazer surgir ideias, mas o vínculo não é tão rígido a ponto sufocar.

Um exemplo de uma empresa que tem demonstrado capacidades dinâmicas em um contexto de conexão livre é a Omron, empresa japonesa global de US$7 bilhões, com 35 mil empregados, fabricante de sensores, componentes de sistemas de controle, produtos eletrônicos avançados, equipamentos médicos e serviços relacionados. A "canção" da Omron é composta por seus princípios profundamente enraizados, definidos globalmente.

Em uma entrevista com meu colega Ethan Bernstein, o CEO Hisao Sakuta identificou especificamente os Princípios da Omron como uma das mais importantes estruturas estratégicas da empresa – pontos em comum peculiares que conectam todas as atividades dentro da empresa. Quando lhe perguntaram como um conjunto de princípios poderia unir as pessoas de dezenas de diferentes regiões geográficas, idiomas e culturas, Sakuta apontou a natureza mínima da estrutura imposta pelos princípios e como isso incentiva abertamente a improvisação:

> *Sempre que falo com os funcionários, digo que sua interpretação dos Princípios não deve ser uma resposta definida. É preciso ser fiel à interpretação pessoal e sua forma de expressá-la, usando a linguagem dos Princípios. Temos 35 mil funcionários, e acredito que é perfeitamente natural haver 35 mil interpretações diferentes dos Princípios... Não importam as diferenças raciais, o conjunto de valores, as localizações geográficas etc. no ambiente de trabalho; contanto que possamos continuar o debate e a discussão comuns, podemos manter uma atitude flexível para responder a qualquer mudança que ocorra daqui a 50, 100, 200, 300 anos. E acredito que, assim, poderemos aperfeiçoar os Princípios.*[11]

Alguns líderes tentariam forçar a universalidade e a conformidade, implementando estruturas para garantir a forte governança em âmbito global. Em vez disso, Sakuta usa a estrutura mínima dos princípios – não como estão escritos, mas sim como são interpretados – como sua estrutura de governança. O resultado é a máxima autonomia para inovação localizada, que produziu um fluxo constante de inovações importantes, incluindo tecnologias de sensores avançados para evitar falsificação em copiadoras de alta resolução, sistemas que acionam automaticamente os freios antes de um acidente e o aumento da segurança alimentar por meio da implantação de biossensores para detectar automaticamente se o alimento pode ser prejudicial (se está vencido, estragado, envenenado etc.).

A Toyota também entende que capacidade dinâmica significa dominar estruturas mínimas. A empresa opera com base em quatro regras simples:

(1) Todo o trabalho será altamente especificado quanto a conteúdo, sequência, timing e resultados; (2) toda conexão cliente-fornecedor deve ser direta, e deve haver uma maneira inequívoca de enviar solicitações e receber respostas; (3) o caminho para todo produto e serviço deve ser simples e direto; e (4) todo e qualquer aperfeiçoamento deve ser realizado em conformidade com o método científico, sob orientação de um professor, no nível mais baixo possível na organização.[12]

Essas regras simples fornecem a estrutura mínima necessária para evitar o caos em um movimentado chão de fábrica. Exceto por essas regras, os trabalhadores comuns têm máxima autonomia para aprimorar constantemente seus métodos e sugerir outros aperfeiçoamentos. Eles dominaram a arte do aprendizado na prática, enquanto buscam a eficiência.

Bernstein testemunhou tudo isso em ação durante uma recente visita à fábrica da Toyota, em Tsutsumi.[13] Ele estava assistindo à instalação do console central no Prius de terceira geração quando um gargalo no processo desencadeou uma parada na linha de montagem três vezes seguidas.

À medida que os problemas se acumulavam, mais e mais supervisores se aproximavam para investigar o que estava acontecendo. Em muitos ambientes fabris, tais interrupções na linha de produção teriam sido imediatamente reportadas a níveis hierárquicos mais altos. Por quê? Porque os gerentes são mais capazes de lidar com exceções e eventos incomuns. É isso que os supervisores fazem: lidam com interrupções problemáticas e se responsabilizam pelas possíveis soluções, isentando o funcionário da linha de produção.

Na Toyota, porém, as quatro regras simples na realidade proporcionam aos operários da linha de produção autonomia para enfrentar desafios incomuns em sua esfera imediata de execução. Nesse caso, os supervisores não disseram ao operador o que fazer. Ao contrário, lhes ofereceram apoio para fazer a linha voltar a funcionar, liberaram o operador para resolver o problema e ajustaram a ferramentaria para simplificar a instalação. Isso foi tudo feito em segundos, com a produção em funcionamento.

De maneira análoga à política na IDEO de permitir que os funcionários projetem seus próprios espaços de trabalho, a Toyota permite que os operadores projetem as próprias ferramentas, espaços de trabalho e processos. Resultado: processos integrados que quase se assemelham a uma dança no mais improvável dos lugares – o chão de fábrica. A Toyota consegue realizar milhares dessas danças, levando a extraordinária produtividade e qualidade ao proporcionar aos operadores estrutura mínima e autonomia máxima. Quando os supervisores se envolvem, é para levar expertise e apoio, não para impor uma estrutura que esmaga a autonomia.

Investimentos em regras mínimas que liberam os empregados para superar desafios ao se desviar da prática normal são investimentos em aprendizado organizacional. Incentivar os funcionários a experimentar o novo quando ocorrem avarias poderia gerar apenas mudanças incrementais no curto prazo, mas, ao institucionalizar o princípio das regras mínimas inegociáveis, as empresas estão promovendo uma metacapacidade para improvisação e mudança organizacional. O que há em comum entre as bandas de jazz, a Omron e a Toyota é uma mentalidade de jazz que apoia as capacidades dinâmicas. Todos são capazes de explorar e experimentar novas ideias (autonomia), permanecendo, ao mesmo tempo, fiéis a rotinas essenciais (estrutura).

Autonomia orientada e dinâmica de grupo

Para ver como a autonomia orientada pode ser filtrada na infraestrutura de uma organização, considere o seguinte experimento de dinâmica de grupo, realizado pelo Omni Hotel do Meio-Oeste dos Estados Unidos. Essa organização fora uma tradicional estrutura burocrática com um estilo autoritário de gestão no qual a rotatividade de empregados e gerentes era excepcionalmente alta, e o moral, surpreendentemente baixo. Durante anos, conflitos interdepartamentais e disputas de território impediram os departamentos de criar uma direção estratégica coordenada. O grupo de alta gerência, em particular, tinha um histórico de conflito. As discussões geralmente eram amargas e defensivas. Membros de dois departamentos em particular eram altamente desconfiados uns dos outros, e as discussões não raro levavam espirais de indignação e hipocrisia, que mais se assemelhavam a um monólogo.

Quando o gerente geral, que vinha lendo sobre teoria organizacional, resolveu criar o serviço quatro estrelas, melhor classificação para hotéis e restaurantes atribuída pelos guias Michelin, ele sabia que o grande desafio seria criar uma cultura de cooperação interdepartamental e gestão participativa. Com esse objetivo, começou a realizar reuniões de grupo com os 20 gerentes de nível mais alto para discutir a direção do hotel. Discussões, como se previa, muitas vezes com um tom competitivo, que prejudicava acordos de cooperação. Alguns membros chegavam a se recusar a falar uns com os outros.

Depois de os gestores se reunirem para um retiro de planejamento estratégico com duração de quatro dias, eles formaram três forças-tarefa para resolver problemas estratégicos básicos. Um deles voltou ao grupo maior com uma proposta de ação estratégica que exigiria a cooperação de todos os departamentos em conflito. A ideia subjacente era estimular o *empowerment* de empregados e a participação de toda a organização, ação que desafiava radicalmente as normas culturais. Os membros do subgrupo sabiam que votar a proposta não conduziria ao compromisso com a ação; na verdade, poderia acabar solidificando posições já em conflito em torno de disputas de território. Além disso, após dois meses de discussão, eles sabiam que a ideia abrangia vários lados legítimos e necessários da questão. Haveria uma maneira de expressar essas perspectivas sem vinculá-las a indivíduos que poderiam se sentir obrigados a defender seus pontos de vista?

Com a ajuda de um consultor, surgiu uma estratégia: o subgrupo montaria três mesas em diferentes cantos da sala. Cada mesa foi rotulada com um cartão que "marcava" as várias perspectivas – como as mudanças de acordes de uma música – que os membros deveriam defender. O líder da força-tarefa, em seguida, apresentou a atividade:

> *Obviamente, estávamos falando de algo muito importante. Seguir esse curso de ação representaria uma grande mudança para os empregados e gerentes. Queremos falar sobre as implicações da proposta, mas, em vez de fazer uma votação ou uma enquete, temos a chance de expressar todas as perspectivas e implicações. Montamos três mesas nos cantos da sala e as identificamos com fichas. Os títulos das fichas se relacionam às perspectivas que gostaríamos de que os subgrupos discutissem: (1) a favor da proposta; (2) contra a proposta; e (3) preocupação com as implicações da proposta. Gostaríamos que você não fosse imediatamente para o canto que melhor representa a opinião pessoal no momento. Tente escolher um ponto de vista diferente do seu e faça experimentações sob essa perspectiva.*

Durante 30 minutos, cada um dos três grupos discutiu animadamente a proposta. Quando o grupo inteiro se reuniu para o debate, não lhes pediram para relatar o que cada um havia discutido, mas para conversar sobre a proposta. A troca que se seguiu foi impressionante. Não só as pessoas se sentiram menos obrigadas a defender antigas posições, como também subgrupos tradicionalmente divididos estavam falando mais livremente e, às vezes, até mesmo expressando suas visões tradicionais. Após uma hora de diálogo, o grupo decidiu adotar a proposta em caráter experimental durante seis meses.

O que tornou essa abordagem transformadora para esse grupo específico de gerentes da Omni? Um fator determinante certamente foi a disposição de improvisar dentro das restrições mínimas da "canção" que a força-tarefa havia criado. Os participantes estavam dispostos a suspender o julgamento moral com base em histórias pessoais ou proteção de território. Eles poderiam apoiar o desenvolvimento de abordagens alternativas (incluindo algumas que normalmente teriam considerado repulsivas) porque sabiam que, no final, uma grande variedade de ideias seria legitimamente expressa e apoiada. Eles tinham aprendido ao longo do caminho que, em algum lugar naquela série de declarações, havia uma com potencial para levar ao rumo que todo o grupo desejava, como acontece com um bom solo de jazz.

Desconstruindo o impensável: coordenação por meio da estrutura mínima

Passados mais de 10 anos, o ataque e o subsequente colapso das torres do World Trade Center, em 11 de setembro de 2001, continua quase impensável. Milhares de vidas perdidas; as assombrosas imagens de aviões comerciais transformados em armas de destruição em massa; a coragem dos bombeiros, da polícia e de cidadãos comuns, que continuavam tentando resgatar as pessoas presas nas torres, mesmo quando elas começaram a desmoronar – tudo isso permanecerá na memória de todos durante gerações e gerações. Mas há outro lado do cataclismo do 11 de setembro que exige igual atenção, de certa maneira: não a destruição, mas a limpeza que se seguiu.

Como descrito no livro de William Langewiesche, *American Ground: Unbuilding the World Trade Center*, esta é uma história de um feito notável. Nunca antes tínhamos visto 1,5 milhão de toneladas de escombros de sete edifícios enormes. O volume era impressionante – como lidar com 1,5 milhão de toneladas de aço retorcido, cimento e os restos mortais de três mil pessoas? Mas este era um local extremamente perigoso também em outros aspectos.[14]

Sob os destroços da Torre Norte, por exemplo, estava o resto da principal aparelhagem refrigeradora – uma das maiores unidades de refrigeração do mundo, responsáveis pelo ar condicionado das duas torres. Dentro da unidade havia aproximadamente 77 mil quilos gás fréon pressurizado, um produto químico tóxico que contém CFC (clorofluorocarbonetos). Escavadeiras a diesel poderiam facilmente perfurar os recipientes de CFC. Se o gás vazasse, poderia se infiltrar nos detritos e sufocar os trabalhadores. Pior, se o fréon se inflamasse, seria transformado em ácido clorídrico e gás fosgênio, semelhante ao gás mostarda usado durante Primeira Guerra Mundial. Langewiesche escreve: "Todos sabiam que se o fréon viesse dos escombros em sua direção, já era."[15]

Havia outros obstáculos também, inclusive descontroles emocionais e conflitos entre a polícia e os bombeiros. Alguns bombeiros, na verdade, pareciam estar mais preocupados com seus próprios colegas de trabalho, sem demonstrar tanto interesse na recuperação de restos mortais de civis ou policiais. Parte desse comportamento refletia a união especial de bombeiros: alguns tinham perdido familiares e quase todos tinham perdido amigos. Langewiesche observa também que a sociedade havia manifestado apoio e solidariedade para com os bombeiros, e "o tom emocional parecia ter aumentado a noção de retidão e perda dos bombeiros".[16]

A situação, portanto, era altamente volátil e extremamente complicada. Entretanto, no final, não se perdeu uma única vida no trabalho de limpeza, concluído com US$700 milhões *a menos* do orçado e nove meses *antes* do previsto. Como?

Langewiesche escreve que a abordagem tradicional de gerenciamento de uma crise dessas proporções teria envolvido um longo período de preparação:

> *Em outros países, teriam sido buscadas respostas claras e, só então, tomada alguma medida. Comissões sólidas teriam se formado, e as altas autoridades, consultadas. As ruínas teriam sido ponderadas, e seria imposta uma ação que seguisse um rígido roteiro. Depois disso, soldados assumiriam o controle. Mas, por algum motivo, provavelmente cultural e profundo, não foi bem o que aconteceu por aqui; as comissões foram excluídas, e os soldados, relegados ao infeliz papel de guardar o perímetro, e civis, em máquinas pesadas, surgiram e assumiram o desconhecido.*[17]

Como sugere Langewiesche, a limpeza após os ataques de 11 de setembro não é uma história de gerenciamento excessivo, mas de um grupo que se coordenou sem qualquer plano anterior, estrutura organizacional clara ou cadeia de comando, sem experiências ricas que ajudassem a entender esse evento inédito e sem experiências colaborativas. O World Trade Center foi "desconstruído" por atores diferentes, muitos dos quais não se davam bem, partindo de diferentes bases de experiência, sem rotinas estabelecidas e sem estrutura burocrática ou autoridade clara às quais recorrer. Como uma prática comum no jazz, a maioria desses atores se reuniu pela primeira vez ali, no 11 de setembro.

Em meio a toda a confusão e todo o horror dos ataques, um homem se sobressaiu e, de fato, disse sim à desordem. Mike Burton era um gerente de construção e engenheiro civil que ocupava oficialmente o cargo de Comissário Adjunto Executivo do DCC (Department of Design and Construction de Nova York), órgão responsável pelo projeto, construção e manutenção dos edifícios públicos da cidade, inclusive delegacias, quartéis de bombeiros e bibliotecas públicas, bem como estradas, projetos de redes de esgoto e de abastecimento de água. Não cabia ao departamento responder a emergências na cidade, e certamente sua intenção não era supervisionar a limpeza após a ocorrência de desastres. Essa tarefa, como se poderia presumir, teria ficado a cargo do prestigiado Office of Emergency Management (Departamento de Gerenciamento de Emergências) ou de um órgão federal como a FEMA (Federal Emergency Management Agency – Agência Americana de Gerenciamento de Emergências).

Burton, por acaso, estava participando de uma reunião no centro de Manhattan na manhã dos ataques; caso contrário, observa Langewiesche, não "teria tido razão alguma para se envolver na recuperação do desastre".[18] Mas estamos falando de uma situação dinâmica, e a proximidade conta. O carro de Burton ficou preso no trânsito, por isso ele teve de saltar e caminhar na direção das torres. Mesmo quando surgiu a primeira nuvem de entulhos, ele continuou avançando em direção ao local dos ataques.

Em algumas horas, Burton estava orquestrando a ação. Em algumas semanas, estava à frente de uma força de trabalho composta de mais de 3 mil pessoas. Nos 10 meses que se seguiram, ele coordenaria 100 mil pessoas, de uma infinidade de órgãos diferentes.

Inicialmente, Burton não tinha ideia do que fazer, por isso começou a fazer ligações. No começo, não compreendeu que as duas torres haviam desabado completamente. Então, o primeiro telefonema foi para uma empresa de andaimes. Como relata Langewiesche, Burton pressupôs que haveria vidro caindo dos prédios e que precisava proteger as pessoas dos entulhos, então ligou para uma empresa de andaimes e pediu que se "preparassem para carregar grande quantidade de proteção para calçadas em caminhões de carga".[19] Ele imaginava que haveria centenas de pessoas presas nos escombros e que teriam de ser retiradas. Hoje, em uma análise retrospectiva, parece um erro de cálculo bobo – não havia qualquer "estrutura" restante –, mas Burton tinha criado uma dinâmica que só cresceria dali por diante.

Sabendo que seriam necessários pesados equipamentos e operários para manuseá-los, Burton ignorou os procedimentos "legais" de licitação e ligou para quatro construtoras que conhecia, "as primeiras que me vieram à mente", empresas que haviam conquistado reputação por já terem trabalhado para a prefeitura – AMEC, Bovis, Tully e Turner –, e pediu a cada uma para enviar representantes a uma reunião no quartel da polícia local. As quatro empresas não tardariam a fechar contratos lucrativos para limpar o local, mas toda improvisação implica risco, e essa não foi exceção. Como as quatro empresas não passaram pelo processo normal de licitação e não tinham contratado seguro antes, estavam expostas o tempo todo a processos judiciais e eventuais reclamações.

Ao mesmo tempo, Burton continuava as ligações para mobilizar uma equipe de avaliação, um conjunto de 14 engenheiros e empreiteiros que o acompanhariam em sua primeira visita ao local naquela noite. Como uma pedra em um lago, os telefonemas ecoaram longe.

Começaram a surgir ferreiros no local. Os empreiteiros começaram a ligar para fornecedores de equipamentos e serviços, e logo um conjunto de especialistas de construção trabalhava 24 horas por dia. Por fim, engenheiros da Autoridade Portuária e especialistas dos bombeiros em colapso de construções se juntaram ao grupo principal. A FEMA ofereceu dinheiro federal.

Burton e seu chefe no DDC, Ken Holden, não tardaram a montar um centro de comando de emergência em uma sala de jardim de infância de uma escola pública nas proximidades.

Em primeiro lugar, realizaram sucessivas reuniões, com representantes de uma lista de órgãos municipais, estaduais e federais, e iniciaram um trabalho ininterrupto.

Para manter o fluxo de comunicação, Burton criou uma estrutura mínima para a atualização – reuniões regulares, duas vezes por dia, uma pela manhã e outra à noite. Nas duas reuniões diárias, ele e Holden estavam presentes; quem queria saber o que estava acontecendo ou tinha algo a contar devia enviar um representante à reunião. Não havia tempo para planejamento. Como disse Burton na época, "não há tempo para distribuir memorandos ou esperar pela cadeia de comando. Todos têm de conhecer os problemas. As decisões precisam ser tomadas, e todos precisam estar a par. Temos de seguir a mesma direção".[20] Para garantir a existência de segurança psicológica suficiente e incentivar a honestidade, e para que todos pudessem se expressar livremente, proibiu-se a utilização de aparelhos eletrônicos de gravação.

"Em 72 horas", Langewiesche escreve, "eles tinham passado do caos ao caos gerenciado, com uma estrutura gerencial mais organizada e um horário mais factível: uma operação 24 horas por dia, 7 dias por semana, com 3 turnos 11 horas."

No final, 20 órgãos governamentais estavam representados nas reuniões que ocorriam duas vezes ao dia. A maior parte das pessoas usava botas e macacões típicos de operários de construção, sentavam-se nas soleiras e nas mesinhas e carteiras da sala de jardim de infância, tomando conta do lugar. Era importante que as pessoas pudessem falar com franqueza e honestidade. A intenção era permitir que os participantes propusessem ideias que, à primeira vista, poderiam parecer tolas e engolir seu orgulho pessoal quando recebessem alguma crítica. Nessas reuniões, escreve Langewiesche, "houve um novo acordo social. Tudo que importava na situação era a contribuição que cada um poderia dar naquele momento".[21]

As reuniões em si não estavam proporcionando à equipe de limpeza os dados necessários. Eles precisavam aprender a lidar com os escombros. Para tanto, Burton impôs um aspecto inicial de ordem, dividindo a enorme pilha de escombros em quatro partes, cada uma atribuída a cada construtora. Qual era a lógica para dividir a pilha de detritos em quatro partes? Langewiesche observa que "o padrão de quatro quadrantes se deve tanto à presença das quatro empresas... quanto à lógica operacional convincente, mas enquanto durou, durante os primeiros meses de mais urgência, funcionou razoavelmente bem".[22]

Burton também impôs regras operacionais simples para a sua interação com os escombros. Se ouvisse o barulho vindo do cada quarto da pilha, ele saberia que estava havendo progressos. Quando deixava de ouvir barulho, considerava uma exceção que exigia sua atenção direta.

"Ninguém nos pediu para fazê-lo, ninguém nunca nos disse para fazê-lo", comenta, sobre o arranjo de quatro pilhas de escombros, "mas, em uma análise retrospectiva, quando viram as coisas acontecendo, souberam que era o movimento certo". De um modo geral, isso se aplica à limpeza do local das torres gêmeas. Em momento algum da operação inteira alguém encarregou Burton do esforço de limpeza no Marco Zero. Ele disse mais tarde: "Não nos questionamos se deveríamos fazer contato com o estado ou com o governo federal... Tínhamos os equipamentos. Tínhamos as conexões. Poderíamos lidar com a situação. Seguimos em frente e fizemos o tínhamos de fazer. E ninguém foi contra."[23]

Segundo os termos dos planos de emergência oficiais e secretos da cidade de Nova York redigidos antes do ataque, o Departamento de Saneamento deveria ter se encarregado de limpeza. Na verdade, houve dissidentes ao longo do caminho que denunciaram a ausência de uma cadeia de comando, mas, no mundo real de limpeza, linhas formais de autoridade foram rapidamente eliminadas. Após a primeira semana, quando uma funcionária graduada do Office of Emergency Management da cidade procurou Burton e Holden e perguntou: "Quem disse que vocês deveriam se envolver?", eles lançaram um olhar incrédulo à mulher e continuaram fazendo o trabalho. Como escreve Langewiesche, "houve mudança do poder em sua direção *que jamais foi formalizada; na verdade, foi injustificada pela lógica burocrática ou considerações políticas*" [grifo nosso].[24]

A história de Burton demonstra claramente que liderar significa assumir riscos, se lançar e violar regras – que também são os princípios gerais de jazz –, mas também ilustra princípios mais específicos dessa forma de arte e sua relação com a estrutura mínima. Considere, por exemplo, os seguintes momentos da história de Burton e suas implicações mais abrangentes:

- *Burton começou a telefonar.* Isso nos faz lembrar dos jazzistas, que começam o solo com "praticamente qualquer grupo de notas aleatórias". Em vez de buscar um caminho e depois segui-lo, os músicos aprendem a agir antes que surjam os verdadeiros caminhos de ação. Começam tateando, procurando em meio à desordem, trabalhando com os recursos à mão – os acordes, temas, repetições *e*, como Burton, com as pessoas ao redor no momento.

- *Hoje, em uma análise retrospectiva, ligar para uma empresa de andaimes parece um erro de cálculo bobo.* Mas, do ponto de vista da improvisação, há algo implícito aqui. Ao buscar recursos, mesmo os errados, Burton experimentou uma forma de agir em uma situação inédita; criou uma identidade, surpreendente até para si próprio, ao descobrir que era capaz de algo inédito. No jazz e na vida, é assim que aprendemos quem somos e o que podemos fazer.

- *Sabendo que seria necessário usar equipamentos pesados e numerosos operadores, Burton ignorou os procedimentos "legais" de licitação e convocou as quatro construtoras que conhecia melhor.* Bons improvisadores têm um talento especial para saber quando violar regras. Burton ativou sua rede; recorreu às pessoas que conhecera ao longo dos anos. É a bricolagem em ação – lidar com as ferramentas e os recursos disponíveis, experimentar e combinar recursos como forma de seguir em frente.

- *Dividir a pilha em quatro partes e atribuir cada uma a uma construtora específica* foi como criar um quarteto de jazz. Burton estava deixando as pessoas à vontade para descobrir o que precisavam fazer, definir as prioridades e decidir quais problemas resolver primeiro. Essa medida conferiu autonomia máxima aos operários da construção, deixando Burton livre para criar uma miniestrutura de coordenação. (Para efeito de comparação, considere o que aconteceu após o furacão Katrina, quando a situação ficou fora de controle, enquanto todos esperavam a estrutura de autoridade tomar a iniciativa.)

- *Burton impôs regras simples e uma estrutura mínima de coordenação – reuniões regulares, realizadas duas vezes ao dia.* Exatamente como acontece com uma banda de jazz, as duas reuniões diárias coordenaram a ação ao longo do tempo, conferindo a cada parte significativa autonomia para reagir conforme necessário e proporcionando oportunidade para ajustes com base em novas informações. Uma vez entendidas essas regras simples, Burton e outros ficaram livres para improvisar.

Durante toda a limpeza, especialmente nas duas primeiras semanas, as mais críticas, Burton criou pequenas restrições de coordenação que não exigiram confiança interpessoal. Na verdade, essas pessoas nunca tinham trabalhado juntas, portanto, não podiam se dar o luxo de ter um nível de experiência que garantisse confiança. Ele criou um fórum para que as pessoas interagissem e compartilhassem pontos de vista. Durante o período de recuperação, compartilharam muitas informações, que permitiram a todos reformular e atualizar a noção do que estava acontecendo. Finalmente, Burton criou uma restrição mínima pontuada, com um ritmo temporal, como as mudanças de acordes de uma canção. As partes sabiam que haveria uma reunião de atualização todo dia de manhã e à noite, em que todos os participantes poderiam compartilhar informações e ouvir os outros. Aqui também, como praticamente em todos os outros lugares ao longo da cadeia de ação, a estrutura mínima gerou autoridade máxima para agir.

Burton não estava em um coreto agitando um bastão. Ele estava liderando uma limpeza em uma das circunstâncias mais trágicas da história americana, mas, como qualquer bom jazzista reconheceria, também estava regendo uma música, da forma certa.

CAPÍTULO 5

A hora das jam sessions e das conversas

O aprendizado na prática

Os jazzistas vivem para as jam sessions: adoram tocar juntos, desafiar uns aos outros enquanto tocam e depois sair para conversar sobre a sessão, compartilhar experiências e insights. Durante as jam sessions, ocorre um tipo especial de transferência de conhecimento que não ocorre em qualquer outro momento.

Lembro-me, por exemplo, de uma que fiz em um bar em Cleveland com o saxofonista e clarinetista Ken Peplowski. Ele tem técnica e alcance incríveis; consegue tocar os solos de Benny Goodman, os de Charlie Parker e de Sonny Stitt em alta velocidade. Muitas vezes, seu ritmo era muito acelerado para mim, mas era o ritmo de Peplowski. Assim, eu tentava, experimentava, tocando desajeitadamente refrão após refrão, até encontrar minha própria levada e me sentir à vontade em uma velocidade que nunca pensei que pudesse alcançar.

Com o tempo, me acostumei com o desempenho de Peplowski e com as músicas que ele tocava, mas os músicos convidados sempre apareciam para botar lenha na fogueira novamente. Preferiam canções que eu não conhecia e tocavam em um estilo com o qual eu não estava familiarizado, o que reiniciava todo o processo de aprendizagem. Às vezes, era um desastre, como quando o saxofonista que vinha ouvindo John Coltrane e aprendendo todos seus licks tocou "My Favorite Things", *standard* no estilo de Coltrane, em um tom menor, com ritmos e mudanças de acordes estranhos. Em seguida, seguiu em frente com "Giant Steps", canção com mudanças harmônicas altamente complexas, que ele insistia em tocar com alegria nos dedos. Até hoje sinto um frio no estômago ao pensar em meu desempenho na ocasião, tocando com dificuldade, acompanhando mal a canção. Inicialmente, os solos não faziam sentido para mim e, mais tarde, pedi a Peplowski que ele não voltasse ao grupo. Mas o saxofonista louco voltou e tocou melodias semelhantes; acabei ficando mais familiarizado com seu estilo e consegui acompanhar as mudanças dessas estranhas canções. Dessa forma, me superei da mesma maneira que os atletas se superam: esforçando-me para obter níveis cada vez mais altos de competição.

Todo jazzista de reconhecido valor tem pelo menos uma história semelhante sobre "trabalhar árduo" em uma jam session – sendo ignorado ou se sentindo constrangido ao longo do caminho, mas aprendendo no processo. Charlie Parker costuma ser considerado o maior solista de jazz de todos os tempos, mas, em 1936, estava tocando em uma jam session em Kansas City quando o baterista Philly Jo Jones ficou tão nervoso que jogou um prato de bateria na cabeça de Parker – experiência muito educativa. Parker disse que, depois disso, passou a ensaiar 15 horas por dia, durante 3 ou 4 anos, e aprendeu a tocar *standards* nos 12 tons. Quando voltou a tocar em público, era outro músico.

Parker afirmou que, no meio de uma jam session, em 1939, pouco tempo depois de voltar a tocar, descobriu um método de fazer solos com base em mudanças de acordes e intervalos estendidos. Segundo ele, eram intervalos que vinha ouvindo mentalmente, mas nunca fora capaz de tocar. Porém, nessa jam session, ele conseguiu se superar, experimentar o que estava ouvindo e depois ampliar os solos em várias extensões cromáticas; isso se tornou a base da improvisação do bebop. A partir de sua experiência, Parker compôs o clássico "Ko-Ko", uma das músicas mais influentes da história do jazz. Se não fosse pelo contexto da jam session, essas descobertas poderiam não ter acontecido.

A importância da interação

O que tornou o processo de aprendizado ainda mais rico foram as saídas depois das jam sessions. Quando as sessões terminavam, saíamos para tomar um drinque ou comer em uma lanchonete no fim da noite e conversávamos durante horas sobre as mudanças harmônicas, deslocamentos rítmicos, momentos inspiradores, as músicas durante as quais nos conectávamos, as vezes em que não nos conectávamos e assim por diante.

Foi assim que aprendi sobre a importância de equilibrar autonomia e interdependência. Lembro-me de um baixista ter me dito certa vez: "Você precisa parar de tocar como se estivesse solando. Isso faz você tocar notas demais. Confie mais no baixo." Esse foi um conselho inestimável e mudou para sempre a minha maneira de tocar. E eu não fui o único. Stanley Turrentine se recorda que aprendeu com os outros "perguntando sobre o que eu não entendia". Um jovem trompetista lembra até de aprender a se vestir depois que passou a andar na companhia de Miles Davis.[1]

As histórias que circulavam sobre os jazzistas que conhecíamos ou de quem tínhamos ouvido falar eram tão valiosas quanto as informações técnicas transmitidas nessas saídas de fim da noite. Nelas, aprendi sobre as técnicas de prática de Charlie Parker, a personalidade idiossincrática de Thelonious Monk e como ele conduzia o ritmo, a coragem de Benny Goodman ao trabalhar com músicos afro-americanos durante a segregada década de 1930. Conheci o estilo de vida de ficar viajando de um lugar para outro, os desafios de tocar em lugares onde clientes compravam bebida para os músicos, histórias de colegas que experimentaram drogas e até algumas trágicas histórias de músicos que destruíram a vida com heroína e outros vícios.

Esses encontros depois das jam sessions eram momentos de criação de identidade. Ensinávamo-nos o que é ser um jazzista – os sacrifícios, as recompensas, como equilibrar a vida musical com a vida familiar, como acompanhar bem, quais shows aceitar ou não e assim por diante. Era também um momento de feedback honesto e direto. É um tipo diferente, mais profundo, de aprendizado, e os jazzistas intuíram isso claramente ao longo dos anos, porque incorporaram o espírito das jam sessions – estendendo-se, expressando-se, ajudando – em diversos aspectos da vida.

Desenvolveram-se comunidades locais de prática no início da década de 1950 em torno de áreas metropolitanas, como Detroit, Chicago e, principalmente, Nova York: como nas jam sessions, os músicos saíam juntos e trocavam conhecimento. O trombonista Curtis Fuller recorda como seus companheiros desafiavam e apoiavam uns aos outros em descobertas conjuntas, experimentando trechos difíceis tecnicamente ou importando outros tipos de música:

> *Eu ficava na Rua 101, e Coltrane, na 103, e todos os dias eu levava meu trombone – e ficava lá o dia inteiro. Tomávamos chá, sentávamos, conversávamos, ríamos e ouvíamos discos. Coltrane dizia: "Ei, Curtis, tente tocar essa no trombone." E eu tentava. Esforçava-me, e ele dizia: "Você está chegando lá", e assim por diante.*

> *Paul Chambers vivia no final do Brooklyn e pegava o metrô, independentemente de termos marcado uma sessão, para vir praticar. Ele veio com essa música – uma Polonaise em ré menor – e dizia: "Ei, Curtis, vamos tocar essa aqui." Não foi composta para ser um dueto, mas tocávamos juntos durante 3 ou 4 horas. Alguns dias depois, voltávamos e tocávamos de novo. Tudo era muito bonito.*[2]

Eu mesmo vivenciei essa beleza: uma união especial costuma se desenvolver entre os jazzistas à medida que vão se orientando em meio a obstáculos e desafios. Não importa se é uma jam session ou uma comunidade maior de aprendizado, há um espírito de brincadeira séria, até de segurança, associado a esse encontro. Tocando juntas, as pessoas aprendem a pensar e a se relacionar de maneira diferente.

Cognição e processos sociais

O psicólogo russo Lev Vygotsky foi um dos primeiros a perceber que a interação social desempenha um importante papel na cognição.[3] Internalizamos as vozes externas ao nosso redor, e isso passa a fazer parte do nosso processo de pensamento. Lev Vygotsky considerava o pensamento como o discurso internalizado.[4] Em outras palavras, a aprendizado social precede o desenvolvimento. Trocas relacionais precedem o crescimento cognitivo.

Vygotsky desafiou a noção de medir inteligência como algo estático, passível de avaliação. Para Vygotsky, a questão fundamental era a "zona de desenvolvimento proximal", a diferença entre o nível atual e o potencial de desenvolvimento. O importante é cultivar experiências e buscar relacionamentos com pessoas que estejam dentro da zona de desenvolvimento proximal. Vygotsky argumenta que a maior parte do aprendizado, da infância em diante, ocorre em relação a outras pessoas mais hábeis – pais, professores, tutores, colegas competentes. A técnica de *scaffolding* expressa a mesma ideia: um professor ou colega competente ajuda o aluno na zona de desenvolvimento proximal e se retira progressivamente, à medida que o aluno se torna mais competente.

Isso não se aplica somente a crianças. Quando prolongam a interação positiva com colegas hábeis, os adultos desenvolvem maior capacidade reflexiva e expansão das habilidades. Os bons músicos, como os executivos competentes, *aprenderam a aprender*. Sabem que podem fazer mais quando convivem com outras pessoas solidárias e hábeis o suficiente para estar além de seus próprios níveis de desenvolvimento.

Essa abordagem à cognição tende a questionar as noções tradicionais de educação, que consideram que as pessoas aprendem melhor não por meio da interação social, mas pela exposição à informação: reunindo dados, registrando-os e guardando-os na memória para que sejam lembrados em momentos adequados. Nessa visão, o conhecimento se desenvolve por meio do acúmulo lógico e incremental. Essa abordagem ao aprendizado confere peso adicional ao raciocínio analítico, processo dedutivo de ascensão progressiva no caminho para a verdade objetiva.

O conhecimento é algo adquirido, como um objeto, e representado na mente como um conceito. Essa teoria de aprendizado constitui a lógica por trás de muitos programas de treinamento formal, nos quais os conceitos são apresentados e as pessoas devem construir um depósito de conhecimentos e regras explícitos que lhes permitam executar tarefas.

Como vimos no Capítulo 1, Paulo Freire chama isso de "concepção bancária" do aprendizado – o conhecimento é um objeto dentro da cabeça que pode ser transferido de uma pessoa a outra, como a transferência de depósitos de uma conta para outra. Na verdade, a metáfora bancária se espalha extensamente, pelo menos de maneira implícita, na literatura sobre aprendizado.

Pense em algumas das expressões comuns já utilizadas neste livro: "transferência de conhecimento", "transferência de tecnologia" e afins. Os avanços na tecnologia da informação em áreas como intranets, depósitos de dados e sistemas especialistas também se prestam a pensarmos o conhecimento como um objeto a ser enviado rapidamente de um lugar para outro, de uma porta a outra, de um depósito a outro. Tais inovações parecem oferecer a promessa de uma distribuição mais ampla e eficiente de lições. O pressuposto predominante é que as pessoas estão transmitindo os conhecimentos pela organização, da mesma maneira que os fundos são transferidos e distribuídos eletronicamente.

Nesse mesmo raciocínio, o próximo passo seria captar conhecimento para que, assim como o capital captado, ele ficasse disponível para os demais na organização. Os tecnólogos da informação enfatizam a necessidade de coletar, analisar, classificar, disseminar e aplicar as informações de modo a criar uma eficácia cada vez maior. Armazenar conhecimentos em histórias, relatos pós-eventos e outras formas de memória também supostamente ajuda os membros a aprenderem e se adaptarem a um ambiente em constante mudança.

A natureza organizada dessa aquisição de conhecimento parece ser muito superior e, certamente, muito mais previsível do que a educação "do sim à desordem", da jam session, "da gambiarra" da maior parte dos jazzistas, mas, na minha opinião, a informalidade tem toda a vantagem nessa competição.

Sim, certas tarefas, como resolver um problema de cálculo, provavelmente requerem uma transferência formal de conceitos abstratos, mas obviamente esse tipo de processo cognitivo não sustenta muitas das habilidades mais importantes que podemos desenvolver. Como se aprende a ser carpinteiro? Certamente, não é só uma questão de captar e memorizar categorias e regras. Como se aprende a esquiar? Pense em quando você estava aprendendo a esquiar ou a acertar uma bola de tênis, lançando-a por cima da rede até o outro lado da quadra. Livros e vídeos didáticos não dão conta de tudo. Você precisa ir até lá, sentir a quadra ou a velocidade da bola e aprender a se equilibrar. Você aprende com a prática. Esse mesmo princípio pode ser levado além dos desafios esportivos. Como se aprende a convencer um colega a dedicar recursos a um programa de mudança? Como se aprende a dar feedback a um executivo cujo relacionamento com a equipe sênior está ruim? Livros com explicações de como fazer só ajudam até certo ponto. Mas esses tipos de habilidades exigem engajamento, absorção e experimentação contínua, que vão além do aprendizado de regras. Atividades complexas – o jazz é apenas uma delas – requerem um conjunto complexo de conhecimentos que só pode ser adquirido pela experiência. Esse tipo de conhecimento superior é muito pessoal, enraizado na ação, entranhado e dado como certo, não é facilmente articulado, codificado ou armazenado.

Capital humano: o aprendizado como atividade bancária

Capital humano: os conhecimentos, habilidades, competências e atributos incorporados em indivíduos e que facilitam a criação de bem-estar pessoal, social e econômico.[5]

Às vezes, me preocupo com a possibilidade de, assim como vemos o conhecimento como objeto, começarmos a ver as pessoas da mesma maneira. Isso se reflete também em nosso idioma. A expressão *recursos humanos* disfarça certa tendenciosidade a ver as pessoas como utilizáveis, controláveis, transferíveis, adquiríveis e dispensáveis. Mas a linguagem tem se expandido recentemente para outros caminhos. Escutamos referências ao "capital social", novamente como se os relacionamentos fossem objetos que pudessem ser possuídos ou exercidos. Quando dizemos que alguém ou algo "tem muito capital social", damos a entender que os relacionamentos são bens a serem utilizados, como martelos ou cintos para ferramentas. Associe os dois em "capital humano", e vamos acabar tratando os seres humanos, pelo menos metaforicamente, como tratamos outros recursos, como prédios, tecnologia, suprimentos e dinheiro – algo quantificável e transferível.

Muitas organizações desenvolveram sua educação executiva utilizando metáforas de "capital". Enviam executivos a aulas para ouvir palestras ou assistir a apresentações em PowerPoint de especialistas de nível internacional – modelo no qual o conhecimento é representado e transferido aos alunos.

Há alguns anos, ajudei a elaborar um programa de educação executiva para a Marinha dos Estados Unidos. Havia altos oficiais navais do mundo todo e representantes de cada ramo da frota: aviadores de jatos, combates na superfície, oficiais de submarinos, oficiais de abastecimento e médicos. Todos haviam sido levados para Naval Postgraduate School especificamente para esse curso sobre liderança.

Os principais idealizadores do programa reuniram vários módulos destinados a maximizar o tempo e o fluxo de informações. As aulas começavam às 8 horas, inclusive aos sábados, e contavam com uma série de palestrantes convidados – especialistas em estratégia, motivação, recursos humanos e administração de mudanças, que falavam até as 17 ou 18 horas, todos os dias. No papel, o esquema parecia incrível, mas, quando vi pela primeira vez como era limitado, questionei em voz alta se esse conjunto maravilhoso de especialistas tão diversificados – homens e mulheres que raramente tiveram a chance de conversar entre si – alguma vez teria a oportunidade de aprender com e sobre os outros.

Se havia uma chance de realizar algo semelhante às jam sessions e deixar que os participantes conversassem informalmente, seria aquela, principalmente no contexto militar, mas os responsáveis pelo curso se preocupavam porque, se não preenchessem as horas com palestras em sala de aula, o alto funcionário do Pentágono que estava financiando o curso iria se opor. Um dos elaboradores do curso me disse: "Viemos até aqui. Tiramo-los de suas rotinas de trabalho. Precisamos utilizar bem seu tempo e mostrar que estão absorvendo algo. Se parecer que estamos lhes dando muito tempo livre, poderá ser visto como um projeto que desperdiça tempo e dinheiro, e os altos funcionários vão começar a questionar por que estamos fazendo isso e por que deveriam se dar o trabalho de patrocinar o treinamento."

Em certo momento, me sentei no fundo da sala e contei quantos slides de PowerPoint eram apresentados. A resposta só para aquele dia: mais de 200 com diversas abordagens sobre liderança. Havia discussões, é claro, mas geralmente consistiam em perguntas e respostas entre o professor e os alunos; só de vez em quando ocorriam trocas entre os próprios alunos. No final, todos os participantes – professores, organizadores e ouvintes – se beneficiaram de uma forma ou de outra, mas acredito que a maior parte do "depositado" nas mentes dos participantes havia evaporado antes de reassumirem seus cargos. Lembro-me de pensar: "Mais uma oportunidade perdida. Esse tipo de coisa acontece todos os dias nas organizações. É preciso mudar, porque isso está acabando com a criatividade."

Jardim de infância de adultos: o aprendizado como brincadeira

Desfazer e até mesmo reverter a mentalidade por trás do curso de treinamento de executivos da Marinha que acabei de descrever me conduziu a algumas direções bastante radicais, principalmente nos áureos tempos antes do estouro da bolha da alta tecnologia, ainda no começo do século. Antes, formais e tensas, as Big Eight, as oito maiores empresas de contabilidade, de uma hora para a outra começaram a montar "centros criativos" onde acontecia de tudo. Um colega se lembra de um local, perto de uma famosa universidade:

O lugar foi feito para incentivar a congregação. A luz natural do sol caía sobre os patamares espaçosos com lugares para conversar, playgrounds virtuais (para os que se aproximavam da meia-idade) e todo tipo imaginável de brinquedo. Uma criança de 5 anos acreditaria estar em um sonho. Havia uma cozinha comunitária sempre abastecida com lanches, café da manhã e petiscos para a hora do almoço, até mesmo um bar para depois do expediente não só com cervejas e vinhos de boa qualidade, mas com bebidas tão saudáveis que deveriam ser proibidas.

Eu adorava! Pensava que esse lugar era um paraíso, uma incubadora de ideias sem igual. Mas depois comecei a reparar que todos aqueles espaços incríveis, pontos de encontro e de diversão, estavam quase sempre vazios. Sim, a arquitetura era inclusiva, mas as pessoas, não necessariamente. Elas ficavam em seus escritórios abertos e encontravam uma maneira de criar barreiras psicológicas, se não físicas, entre os espaços. No jardim de infância, tudo corria bem, mas a simpatia sempre parecia forçada. No mundo real do trabalho, das 9 às 17 horas, era cada um por si.[6]

Não quero idealizar o jazz ou os jazzistas. Conheço muitos trompetistas, bateristas e saxofonistas que, se precisassem escolher entre o espaço privado e um espaço de encontro maravilhosamente bem pensado, escolheriam ficar sozinhos 90% do tempo. Mas essa é a questão, em um sentido mais amplo. A chance de se reunir é importante, o espaço para estabelecer conexões é essencial. Mas a improvisação sobre a qual estou falando – as saídas no fim da noite, as comunidades de aprendizado – não pode ser imposta pela arquitetura, nem mesmo forçada por planejadores de reuniões, muito menos por pessoas cuja função é proporcionar entretenimento. A improvisação acontece espontaneamente, sempre que dois, três, uma dúzia (na melhor das hipóteses) ou mais se reúnem com um propósito, uma prática e um desejo comuns de elevar os padrões para todos os envolvidos.

É para isso que servem os encontros informais: descobrir não apenas interesses comuns, mas também o groove comum que unirá as pessoas para que possam aprender umas com as outras e partilhar as histórias e experiências que levam a avanços significativos.

Projetando oportunidades *reais* para descobertas inesperadas: o aprendizado na prática

Para apreciar o valor de reunir pessoas para aprenderem umas com as outras e dividir suas histórias, vamos relembrar a história da Xerox, citada no Capítulo 2. A empresa acreditava que poderia tornar uma copiadora perfeita se treinasse os representantes para todo tipo imaginável de defeitos e, de fato, o plano funcionou bem até as máquinas começaram a dar defeitos imprevisíveis. Finalmente, o problema foi resolvido quando o representante do serviço e o especialista técnico abandonaram o manual. Começaram associando o defeito irregular a experiências prévias e a histórias que haviam ouvido de colegas – exatamente da maneira que os jazzistas se dedicam ao aprendizado experimental, que requer envolvimento contínuo e narração de histórias. Em outras palavras, é o aprendizado pelas descobertas acidentais.

Muitas atividades requerem esse tipo de improvisação – um conjunto de experiências para lidar com problemas que não oferecem soluções definitivas. Manuais, procedimentos operacionais padronizados e comandos vindos de cima não ajudam nessas circunstâncias. É somente pela conversa com outras pessoas e histórias contadas que chegamos a possíveis soluções. De fato, no relato de Julian Orr sobre os técnicos da Xerox, o processo de formação da história se torna parte integrante do diagnóstico.[7] Esse processo começa e termina com entendimentos comuns indisponíveis em documentos-padrão; a narração é um importante elemento na integração dos vários fatos da situação. Na verdade, Orr enfatiza a dicotomia entre o entendimento dos gerentes quanto aos requisitos do cargo e a prática real: "Embora a documentação se torne mais prescritiva e ostensivamente mais simples, na realidade, a tarefa se torna mais complexa e baseada na improvisação."[8] Em suma: a narrativa é que importa.

John Seely Brown e Paul Duguid se referem às organizações utilizando um termo já usado pelos jazzistas: "comunidades de prática."⁹ Para estimular o aprendizado, afirmam, as organizações devem ver além das funções convencionais e canônicas e reconhecer as ricas práticas em si. Histórias de sucesso do passado formam uma memória comunitária à qual os outros podem recorrer para lidar com problemas desconhecidos. De maneira análoga, Jean Lave e Etienne Wenger escrevem sobre a "participação periférica legítima", reconhecimento de que o aprendizado por meio de perguntas ingênuas, conversas casuais e observações informais é legítimo.¹⁰ Aprender é muito mais que receber conhecimentos abstratos, fora de contexto e sem sustentação. O aprendizado, na formulação deles, envolve saber falar o jargão.¹¹

Em seu clássico estudo, *Situated Learning*, Lave e Wegner escrevem detalhadamente sobre o modelo de aprendizagem pela experiência, no qual (idealmente) os mais velhos transmitem não apenas as habilidades necessárias a um ofício, como também a cultura, mentalidade e tradição dessa prática. É exatamente disso que trata a improvisação, ainda que sem a rígida e predominante hierarquia que associa e une aprendizagens. Com as improvisações do jazz, o aprendizado e o compartilhamento podem se estender pela vida inteira.

Por mais antigo que seja, esse é o tipo de colaboração por meio do qual as pessoas aprendem; no entanto, com frequência, o trabalho é elaborado justamente com o oposto em mente. Os trabalhadores ficam isolados, o que amortece e, às vezes, sufoca o potencial de aprendizado colaborativo. John Seely Brown, uma das principais figuras nos primórdios do PARC da Xerox, narra uma história que ilustra a importância do processo social no aprendizado de novas tecnologias.

A nova funcionária do PARC era inteligente e trabalhadora, mas rapidamente se atrapalhou com o difícil sistema de informática do escritório. O sistema, como de costume, prometia ser de fácil utilização, mas ela acreditava ser impossível usá-lo ou entendê-lo; era tudo, menos fácil. Por ser novata, relutou em pedir ajuda, mas sofrer em silêncio parecia a fórmula certa para um ataque de nervos.

A mulher, diz Brown, estava quase pedindo demissão quando sua mesa de trabalho foi transferida de um escritório isolado para o meio de um grupo de escritórios. Lá, ela se beneficiou imediatamente do aprendizado incidental que mencionei anteriormente. Ela percebeu não só que essas máquinas "estáveis" davam problema com todos, mas também que não era mais "fácil" para assistentes experientes, empregados de longa data ou cientistas consagrados de computação do PARC do que para ela. E também viu que, quando uma máquina dava defeito, os usuários buscavam – sem qualquer constrangimento e independentemente de seus status – a ajuda de outras pessoas que já tivessem conseguido lidar com o problema antes. Ninguém sabia como lidar com essas máquinas temperamentais, mas o conhecimento coletivo se espalhou entre os empregados, e foi possível manter as máquinas em funcionamento.[12]

Quando elaboramos sistemas de trabalho sem prestar atenção à colaboração, processos sociais e descobertas acidentais, ignoramos vários recursos de suma importância. Brown escreve: "O 'nerd' que entende de rede, a secretária que conhece os segredos do Word, o colega especialista em bancos de dados, a outra que aprendeu Java em seu tempo livre e aquele que aprendeu a cuidar do servidor – todos contribuem."[13]

Aprendendo com o passado: jazz e John Dewey

Em um primeiro momento, a ideia de improvisar e interagir com colegas como forma de educação transmite, em minha opinião, uma sensação extremamente boêmia: casas noturnas e bares abertos até de madrugada, espalhados por Manhattan e pelo Harlem. E, de fato, Nova York foi o cenário para muitas jam sessions importantes e famosas. Na década de 1940, músicos conhecidos, como Ben Webster e Lester Young, apareciam regularmente em uma casa noturna chamada Minton's Playhouse. O lendário Thelonious Monk era o pianista da casa; Charlie Parker e Dizzy Gillespie tocavam lá tarde da noite. Músicos mais novos vinham assistir, ouvir e esperar sua vez no palco, enquanto os músicos se desafiavam, tentando superar uns aos outros, tocando extremamente rápido ou experimentando mudanças de acordes extremamente complexas. O bebop foi inventado lá. Havia também os famosos duelos musicais (*cutting contests*), nos quais os músicos faziam mudanças de acordes extremamente complexas para ver quem conseguiria acompanhar. Os grandes pianistas James P. Johnson e Willy "The Lion" Smith costumavam travar essas "batalhas" tarde da noite, no Harlem. Sempre que Art Tatum aparecia, ganhava.

Contudo, por mais frenético e excêntrico que possa parecer, esse tipo de *aprendizado na prática* – mergulhando de cabeça e iniciando um curso de ação, misturando relatos de mundos fragmentados, obtendo respostas e ideias dos outros, tentando mais uma vez – tem um *pedigree* acadêmico impecável. O grande reformista da educação do século XX, John Dewey, viu claramente que aprender é muito mais um processo social do que tendemos a acreditar. Por isso, o título de seu trabalho mais famoso, *Democracia e educação* (Ática), no qual ele argumenta que a instrução era mais que acúmulo de conhecimento; era aprender a viver.

Em primeiro lugar, Dewey não gostava da abordagem tradicional de medir a inteligência como se fosse uma capacidade presa dentro da cabeça de cada pessoa. Acreditava que somos todos aprendizes naturais, potencialmente curiosos e ávidos para explorar novas alternativas e respostas, desde que tivéssemos o contexto adequado. Esse aprendizado natural é interrompido pelos métodos tradicionais de ensino, que envolvem afirmações explícitas e pura memorização. O ensino tradicional, temia, poderia acabar com a curiosidade natural.

Dewey imaginava o aprendizado como um processo que interrompe rotinas a caminho de estabelecer conexões entre experiências desconhecidas e contextos conhecidos. O aprendizado e a reflexão envolvem *investigação ativa*, a busca de "algo não muito próximo" – exploração, ou seja, algo além do domínio do conhecido e convencional, dos padrões habituais de prática. O aprendizado, pensava Dewey, envolve correr riscos porque ninguém pode prever o resultado das consequências da atividade experimental. Fui aluno do ensino fundamental, doutorando, pianista de jazz e professor de Administração durante 22 anos. Posso escrever com absoluta certeza que nenhuma atividade cumpre melhor a avaliação de Dewey que o assunto que abordo neste capítulo: jam sessions, conversas informais, essas comunidades de aprendizado e de prática que surgem espontaneamente quando reconhecemos que a educação é, na verdade, mais que conhecimento. É aprender a viver.

Há alguns insights importantes aqui. Quando se está aprendendo a ser profissional, não basta apenas memorizar um conjunto de regras ou conhecimentos explícitos. Muitas vezes, o que se está aprendendo é uma perspectiva, um estado de espírito, uma tendência. Aprende-se a absorver toda uma forma de ser – adquirimos práticas, em vez de aprender sobre elas. Esse aprendizado é tudo menos regular, mecânico e organizado logicamente. Aprender a ser um músico profissional, assim como um executivo profissional, é um processo capcioso. É intuitivo e vago. É preciso adivinhar e ajustar, tentar entender o que fazer em seguida, observar como os outros lidam com os dilemas, imitar as frases e expressões faciais de companheiros que admira, experimentar algo com base em lampejos e linhas de significado vagos – e, mais importante, se reorientar ao seguir adiante.

Esse tipo de aprendizado envolve experimentar, errar e voltar a experimentar. No caso dos jazzistas, assim como com executivos em ascensão e recém-chegados à empresas, trata-se de um trabalho em andamento executado em público. Mas a presença dos outros e as histórias que compartilham fazem a diferença. Assim como um chefe de divisão aprende em uma reunião a maneira adequada de criticar uma ideia e de receber e fazer críticas em contextos públicos, o jazzista aprende as normas do meta-aprendizado, a ajudar os outros a refletir, como e quando dar conselhos – habilidades fundamentais para todos.

Relacionamentos, não indivíduos

Inovações importantes e que mudam paradigmas normalmente são associadas à criatividade e genialidade individual. No século XIV, Johannes Gutenberg inventou a imprensa. No século XVIII, James Watt inventou o motor a vapor, e Eli Whitney, o descaroçador de algodão. Durante o século XIX, Thomas Fulton inventou o navio a vapor; Samuel F. B. Morse, o telégrafo; Alexander Graham Bell, o telefone, e Gugliemo Marconi, o rádio. No último século, Henry Ford criou inovações para a linha de montagem e produziu o automóvel moderno; Bill Gates e Paul Allen – mas principalmente Gates, na tradição popular – inventaram um prático sistema operacional, e Steve Jobs inventou praticamente tudo o que está na moda hoje.

A lista não para por aí, mas ninguém tem um lugar mais proeminente que Thomas Edison, o mago de Menlo Park, o inventor da lâmpada, do fonógrafo e muito mais. Há apenas uma ou duas gerações, aprendia-se que Thomas Edison era tão dedicado à invenção, e de tal maneira guiado pelo turbilhão de ideias em sua cabeça, que normalmente dormia sobre a escrivaninha, para não correr o risco de estar longe do laboratório quando a inspiração surgisse. O *The New York Times* abordou tudo isso dramaticamente no dia 18 de outubro de 1931, no obituário de um dos filhos mais famosos dos Estados Unidos:

> *Nenhuma figura honrou tão completamente a concepção popular do papel de um inventor. Aqui havia um gênio solitário revolucionando o mundo e fazendo uma força invisível dar seu lance – um gênio que conquistou o conservadorismo, coroou as cidades com luz e criou maravilhas que transcendiam às previsões de poetas utópicos.*[14]

No entanto, como aponta Andrew Hargadon, essa glorificação do gênio individual é completamente equivocada. Ignora as *interações por meio das quais se desenvolvem as inovações*. Quando perguntamos de onde as ideias vêm, como no estudo de Edison e a "invenção" da lâmpada, a história é bem mais complexa que a crença popular.

Projetar oportunidades para o acaso é outra maneira de dizer sim à desordem, de reconhecer que não podemos controlar quando e como ocorrerá o aprendizado; para seguir adiante, não sabemos ao certo qual ideia ou insight é mais importante. Entretanto, o *sim* é um salto afirmativo, uma vontade de avançar sem garantias do que surgirá, de como os outros reagirão, nem de qual será o resultado. Comemorar oportunidades e acontecimentos inesperados significa que você pode tropeçar em uma possibilidade que pode surgir do desconhecido. Muitas vezes, os momentos de descoberta mais significativos, acidentais ou surpreendentes acontecem em contextos informais, não planejados.

Edison, na verdade, compreendia muito bem o potencial de aprendizado das conversas informais com um grupo de especialistas em diversas áreas. De certo modo, Edison estava fazendo jam sessions que levaram a uma versão do bebop. Ele reunia um grupo em Menlo Park – de 10 a 15 engenheiros de diferentes setores, com diferentes formações. Eles basicamente tocavam juntos, fazendo experiências e aprendendo juntos ao testar ideias ousadas. Os grupos liderados por Edison aprenderam com sinais telegráficos, geradores e uma variedade de outros setores e especialidades. Hargadon afirma com toda sinceridade: "Edison não inventou a lâmpada nem agiu sozinho ao aprimorá-la. A teia em torno de Edison era espessa, e com ligações para outras pessoas, ideias e objetos que, juntos, compunham sua invenção particular."[15]

Na biografia que escreveu sobre Steve Jobs, Walter Isaacson conta a história do projeto de Jobs para um prédio que maximizaria as conversas informais e descobertas inesperadas entre colegas de trabalho. A Pixar era um estúdio de animação novato. Mas, depois do sucesso retumbante de *Toy Story 2*, Jobs e os diretores da Pixar concluíram que era hora de construir um novo prédio. O diretor John Lasseter imaginava um estúdio tradicional de Hollywood, com prédios separados para as diferentes funções e projetos. Mas Jobs acreditava que uma estrutura assim geraria muito isolamento e optou por um projeto que praticamente forçava a interação informal. Jobs insistiu que fosse "um prédio enorme em torno de um pátio central destinado a incentivar encontros ocasionais".[16]

Isaacson diz que Jobs pensava que o mundo digital poderia gerar grande isolamento:

Jobs era um forte adepto dos encontros pessoais. "Tendemos a pensar, na era conectada em que vivemos, que é possível desenvolver ideias por e-mail e iChat", disse. "Isso é uma loucura. A criatividade brota de encontros espontâneos, debates aleatórios. Você chega para alguém, pergunta o que está fazendo, diz 'Uau' e, logo, está inventando todo tipo de ideia."[17]

Ao pensar como um jazzista que aprendeu a importância de interagir e improvisar, Jobs insistiu para que o prédio fosse projetado de modo a incentivar conversas espontâneas e colaborações improvisadas. "Se um prédio não incentivar isso, será perdida grande parte da inovação e da magia despertadas pelo acaso", disse ele. "Sendo assim, projetamos o prédio para fazer as pessoas saírem dos escritórios e se encontrarem no pátio central com pessoas que, de outro modo, poderiam não encontrar." Todas as salas são conectadas ao pátio. De fato, o projeto original exigia que só um conjunto de banheiros fosse conectado ao pátio. Lasseter disse que "a teoria de Steve funcionou desde o primeiro dia. Dei de cara com pessoas que não encontrava havia meses. Nunca vi um prédio que promovesse a colaboração e a criatividade tão bem quanto esse."[18]

Incorporando e utilizando a criatividade

Jazzistas inovam se isolando ou se afastando dos outros. Não esperam a inspiração chegar. Não se veem criando algo do zero. Inovam por estarem firmemente ligados a um grupo diversificado de especialistas, percebendo o potencial das pessoas, ideias e manifestações. De certo modo, estão envolvidos em discussões construtivas. Fazem comparações com outras pessoas e com atividades diferentes, veem o que há de melhor no que já existe e juntam peças díspares de novas maneiras. Jazzistas fazem o mesmo que Edison. Exploram e conectam várias unidades, observam variações positivas e redistribuem as ideias que surgem.

O foco no individualismo na invenção levou a alguns aforismos populares que, hoje em dia, parecem quase inquestionáveis. Gerentes são incentivados a "pensar fora da caixa" e "ampliar os horizontes". Muitas vezes, para alcançar esses resultados, pessoas e atividades criativas são isoladas do fluxo da vida organizacional. Desta maneira, grupos de P&D são isolados da organização – tanto física quanto culturalmente.

Criam-se "equipes especiais" para romper com a cultura comum, de modo a libertar a imaginação e criar algo inovador. No entanto, como nos mostra o jazz, a criatividade e a inovação são realizações inerentemente sociais e envolvem a associação – não a separação – de atividades atuais e anteriores. Pessoas experientes precisam ter a chance de consultar umas às outras, contar histórias e compartilhar sabedoria. Separar pessoas criativas da atividade cotidiana cria uma divisão entre "eles" e "nós", mas também pode rapidamente levar uma organização a perder o contato com ideias díspares e especialistas diversificados.

Pense, por exemplo, no experimento que o professor de Direito Cass Sunstein realizou em duas cidades do estado do Colorado – uma conhecida por ser politicamente conservadora, Colorado Springs, e a outra considerada um enclave politicamente liberal, Boulder.[19] Em cada grupo, Sunstein primeiro realizou um teste para ver se havia algum "valor atípico", de modo que, se alguém em Colorado Springs tivesse uma visão consideravelmente mais liberal, ele dispensaria a pessoa do experimento. Em seguida, dividiu os participantes em pequenos grupos, de cinco ou seis pessoas, e pediu que discutissem temas polêmicos, como aquecimento global, casamento entre pessoas do mesmo sexo e ação afirmativa – tópicos de discussões em geral muito acirradas na política do país. As pessoas deram suas opiniões anonimamente, antes e depois dos grupos de discussão.

O que o experimento mostrou foi ao mesmo tempo previsível e alarmante. Em quase todos os grupos, as pessoas demonstraram opiniões mais radicais depois do que antes de as discussões começarem. Em outras palavras, trocar ideias com grupos homogêneos não só reforçava visões existentes, como também incentivava as pessoas a terem opiniões mais radicais. E isso era igualmente verdade tanto no lado conservador quanto no lado liberal do espectro político. Em ambos os grupos, leves diversidades de opinião no começo das discussões desapareceram à medida que se chegou a um consenso e as áreas nebulosas se transformaram em preto e branco, bem e mal.

O mesmo acontece regularmente na internet e em grupos de mídia cada vez mais segmentados. Em comunidades do Facebook, blogs ou programas de entrevistas esportivas, formam-se rapidamente barreiras invisíveis que espantam a diversidade, uniformizam as opiniões e acirram as discussões. Discussões se transformam em berros. O moderado se torna radical, até o ponto em que ou é do nosso jeito ou não tem jeito. Quais são as chances de se surpreender em qualquer um desses locais? De fazer uma nova descoberta? Na verdade, não há quase qualquer chance. Cuidado com a forma como você projeta suas interações, para que suas inclinações e preconceitos anteriores não sejam apenas afirmados e reforçados.

O jazz não é isso, mas envolve improvisar com pessoas que não têm o mesmo ponto de vista. O jazz envolve criar um lugar onde a experimentação é a norma, onde as pessoas pensam em voz alta, em todas as direções, e articulam seus pensamentos incompletos sem pensar que precisam ser perfeitos, corretos, defensivos ou estar em conformidade com qualquer ortodoxia antes de oferecer um insight. Grandes nomes do jazz, como Miles Davis, Duke Ellington e Art Blakey sabiam disso. Eles aumentavam conscientemente a diversidade para se proteger do excesso de consenso. O trompetista Sean Jones diz que, para Davis, uma personalidade peculiar era tão importante quanto o talento:

> *Miles contratava músicos diferentes porque estava sempre procurando um som inédito... Se você contratar os próprios amigos, vira uma panelinha. Se contratar pessoas de todos os lugares, poderá criar sua própria vibe imediatamente. Ninguém tem inibições porque ninguém tem a mesma formação. Miles Davis era muito bom nisso: quando contratava uma banda, nunca contratava amigos. Às vezes, contratava inimigos.*[20]

O pianista Neil Cowley disse algo bem semelhante: "Se você conviver com as mesmas pessoas, tende a acabar vivendo em cidades pequenas, bebendo no mesmo bar e não se desenvolvendo como pessoa; depois você se tornará um pouco reacionário e terá de começar a se preocupar porque vai começar a morrer por dentro."[21]

Para os músicos, e também para diretores de recursos humanos, nem sempre a diversidade é o caminho mais fácil. Nas bandas de Miles Davis havia bastante conflito. Para a gravação de um álbum, ele convidou dois pianistas extraordinariamente competentes para ficarem à disposição: Wynton Kelly *e* Bill Evans. Kelly tocava regularmente com Davis e ficou furioso e confuso com o fato de Davis ter chamado outro pianista para se juntar a eles. Na verdade, Evans tocou em todas as canções do álbum, exceto na canção em que Kelly tocou. Mas esse foi um caso em que os fins certamente justificaram os meios. O nome do álbum era *Kind of Blue*, um dos maiores registros de jazz de todos os tempos.

Interação além das fronteiras: *o crowdsourcing* como jam sessions cibernéticas

No capítulo anterior, vimos vários exemplos de formas de *crowdsourcing* da Wikipédia e do Linux, como modelos da interação entre estrutura mínima e autonomia orientada. A Wikipédia, por exemplo, se tornou um recurso mundialmente acessível e quase inesgotável, com base em pouquíssimas regras, e que convida contribuições autônomas, no geral, incrivelmente precisas. (As taxas de erro da Wikipédia são só ligeiramente maiores que as encontradas na *Encyclopedia Britannica*.) Aqui, vemos os mesmos fenômenos de um ângulo diferente porque, como na improvisação, o movimento de *crowdsourcing* também diz respeito às pessoas.

Um aspecto que o mundo pós-moderno deixou bem claro é que o conhecimento importante reside fora das fronteiras de grupos singulares e até mesmo de qualquer organização. Para se tornarem inovadoras e assim continuarem, as organizações precisam encontrar maneiras de se conectar com essas redes e promover o aprendizado além das fronteiras tradicionais. Modelos de planejamento e controle centralizados não funcionam quando há tantas pessoas inteligentes distribuídas em tantos setores. O movimento de fonte aberta e o *crowdsourcing* consideram tudo isso um dado e partem do pressuposto de que os modelos fechados e patenteados de inovação, por conseguinte, não são mais agentes viáveis da mudança. Em vários aspectos importantes, a fonte aberta é uma tentativa de incentivar o acaso. Como na improvisação, são convites permanentes para que diversas vozes contribuam com perspectivas especializadas.

Pense novamente no sistema operacional Linux, que cresceu de 10 mil linhas de códigos para mais de quatro milhões, por causa das contribuições voluntárias de milhares de participantes.[22] A colaboração é livre e informal. Como costuma ocorrer com os jazzistas, o convite inicial para "jam session" que partiu de Linus Torvalds, o "fundador" do Linux, foi marcado pela diversão e necessidade do usuário.

> *Olá internauta,*
>
> *Você anseia por melhores dias do minix-1.1, quando homens eram homens e escreviam os próprios drivers para dispositivos? Está sem um projeto legal e morrendo de vontade de aprender um sistema operacional que possa modificar de acordo com as suas necessidades?...* ☺
>
> *Estou trabalhando em uma versão (gratuita) de um sistema operacional, apenas por lazer, não será grande nem profissional...*
>
> *Gostaria de receber seu feedback e saber o que as pessoas gostam ou não... É um programa para hackers feito por um hacker. Adorei fazê-lo, e alguém pode gostar de experimentá-lo e até mesmo modificá-lo de acordo com as próprias necessidades...*
>
> *Mande uma mensagem se estiver disposto a me deixar utilizar seu código.*
>
> *Linus (torvalds@kruuna.helsinki.fi)*[23]

Os usuários foram convidados a baixar e modificar o código-fonte de acordo com seus interesses e necessidades por puro e intrínseco prazer – em outras palavras, pela diversão de aprender. Torvalds pediu que os códigos-fonte modificados lhe fossem enviados de volta para que ele, então, compartilhasse com a comunidade em geral. Em pouco tempo, surgiu um fórum na internet, e a comunidade praticamente explodiu. Hoje, as pessoas usam esses fóruns para se ajudarem a resolver problemas técnicos e considerar novos aplicativos. Segundo Karim Lakhani e Jill Panetta, os valores fundamentais não mudaram.

Embora, nos últimos 16 anos, o número de pessoas e empresas interessadas no Linux tenha continuado a crescer, o modelo básico de participação com base na necessidade do usuário ou curiosidade e diversão não mudou. Para participar, basta se inscrever na lista de discussão do LKML (Linux kernel) e ser competente o bastante para modificar o código-fonte... os participantes relatam e consertam bugs, contribuem e modificam o código, além de debater a evolução técnica do núcleo... boa parte do desenvolvimento é orgânico, determinado pelas ações dos membros, não por medidas gerenciais da comunidade.[24]

A colaboração livre e informal que começou aqui é basicamente o que os jazzistas fazem. Partindo do puro prazer de aprender e da curiosidade mútua, eles compartilham ideias além das fronteiras, e uma comunidade cresce organicamente em torno da experiência. Nada disso é organizado por uma gestão de projetos específica, nem por qualquer forma de controle pré-planejado. Na verdade, é como se um gerente responsável não quisesse permitir que uma tecnologia complexa fosse desenvolvida de maneira aleatória e distribuída. Mas o importante é que funciona.

Empresas como a TopCoder perceberam que podem conceber, desenvolver e manter sistemas de software com a ajuda de uma comunidade virtual de voluntários. A TopCoder tem uma comunidade global de mais de 225 mil desenvolvedores que compõem módulos de software para os clientes, mas nenhum é funcionário ou "pertencem" à empresa. A empresa organiza competições on-line nas quais desenvolvedores voluntários elaboram e propõe módulos de software.

Como no caso do Linux, essas comunidades da TopCoder têm muito em comum com jazzistas. Todos aprendem interagindo. É um sistema de inovação distribuída no qual a resolução de problemas é descentralizada, os participantes escolhem livremente participar da conversa, se auto-organizam e se coordenam entre si.

Até o Departamento de Defesa descobriu o *crowdsourcing* e mostrou, para sua satisfação, que funciona. Em dezembro de 2009, a DARPA (Defense Research Project Agency – Agência de Defesa de Projetos de Pesquisa), ramo inovador do Pentágono, testou o conceito com algo que chamou de Desafio de Redes (*Network Challenge*). A DARPA desafiou equipes formadas por meio de redes sociais a encontrar 10 balões escondidos pelos Estados Unidos, em locais ignorados. Um grupo de 5.400 pessoas do MIT encontrou todos os balões em 9 horas. Convencida de que há sabedoria nas multidões e valores inexplorados na interação, a DARPA tem recorrido à comunidade para solicitar ideias sobre tecnologia, desde softwares de espaçonaves até veículos militares.[25]

Reunindo-se em torno do som

Uma das mais criativas empresas de fonte aberta é a Threadless. Em 2000, os gerentes da Threadless tiveram a ideia de solicitar desenhos para camisetas, publicando-os em seu site e, em seguida, permitindo que os membros da comunidade on-line da empresa votassem nos desenhos que gostariam de ver transformados em produtos reais. Poucos anos antes, a FedEx tivera a ideia genial de transferir aos clientes a tradicional função de embalar as encomendas. A Threadless deu um salto quântico ainda maior ao transferir também a área de P&D e marketing para a base de clientes.

Uma inovação mais recente da Threadless acrescentou utilidade social ao mix. O Threadless Atrium on-line da empresa é, de acordo com o site, "um lugar para colaborar com uma finalidade: transformar grandes ideias em produtos tangíveis, importantes e que façam a diferença". O processo de três etapas é fundamental para a Threadless: a empresa e um parceiro *ad hoc* postam um desafio de projeto, a comunidade on-line envia projetos adequados ao desafio e escolhe os favoritos, em seguida a Threadless faz os produtos com os melhores projetos. Mas os "parceiros" na competição são causas louváveis: ajuda para as vítimas dos terremotos na Nova Zelândia, por exemplo, ou do terremoto, tsunami e acidente nuclear no Japão. Os vencedores ganharão (além de prêmios específicos, bem modestos) espaço na "Threadless TV" para falar sobre seu projeto e como foram inspirados pela crise em questão.

O slogan da Threadless vai direto ao ponto: "Reúna-se em torno do projeto." É só isso que a empresa faz – reúne e sustenta uma comunidade criativa em torno do projeto, a deixa improvisar e interagir (pelo menos, no espaço cibernético) e confia que o processo gerará um produto de utilidade social.

Em que medida isso é diferente do jazz? Nem um pouco. Jazz *é crowdsourcing*. O jazz compartilha, troca. No mercado do que é tocado e lembrado, o jazz também vota. Podemos argumentar o quanto quisermos sobre a utilidade social do jazz – que acredito ser alta –, mas, como forma de arte e modalidade de ensino, o jazz certamente é aprendizado por meio da prática, da ação, da troca social. Com o jazz, você se torna um especialista em notas e acordes, em como usar um instrumento de sopro e arrancar sons de cordas, de um tambor, de bateria ou de qualquer outro instrumento. Mas você também aprende a ser, fazer e viver. Diz sim à desordem ao abrir mão do controle – ao se abrir para os caprichos da multidão, sem garantia de sucesso para seus esforços. Em última análise, isso requer uma qualidade acima de todas as outras: coragem.

CAPÍTULO 6

Revezando-se nos solos e no acompanhamento

O acompanhamento como um nobre chamado

"Lidere, siga ou saia da frente" – esse antigo ditado praticamente resume o que diz a sabedoria convencional sobre a pirâmide corporativa. No topo, encontram-se os altos executivos que nos guiam. Em seguida, vêm os seguidores, que os seguem em fila (a não ser que queiram fazer parte do problema). Na base da pirâmide, estão todos os outros – os que causam confusão e obstruem o caminho. Não é de se admirar que os conselhos, investidores e outros stakeholders tenham tamanha fixação por identificar CEOs capazes de assumir o papel de líderes destemidos, por maior que seja o custo para a empresa.

Antes, o CEO em geral chegava ao cargo galgando degraus na hierarquia até assumir o controle de uma empresa que conheciam muito bem. Hoje, o CEO pode vir também de fora, não apenas de dentro da empresa. Se uma empresa tiver atuação global, o CEO provavelmente alcançará status semelhante ao de um astro de rock. Em 1980, apenas um CEO teve a honra de chegar à capa da *BusinessWeek*. Em 2000, 19 das 52 capas da revista retratavam CEOs.

De onde vem essa diferença? Em sua maravilhosa obra, *Searching for a Corporate Savior: The Irrational Quest for Charismatic CEOs*, Rakesh

Khurana argumenta que hoje estamos mais focados no CEO individual como criador de riqueza na corporação. É o líder, não o negócio, que impulsiona os preços das ações ou, pelo menos, é o que a mídia muitas vezes nos faz crer. De fato, quando, em meados de 2011, anunciaram que Steve Jobs deixaria a Apple em uma segunda licença médica, vários jornais e estações de TV a cabo especularam até que ponto o preço das ações da Apple cairiam após a divulgação da notícia. (Resposta: cerca de US$7 no primeiro dia, recuperando-se logo em seguida. Entretanto, a notícia da recuperação foi infame em comparação com as previsões apocalípticas da queda.)

As editoras ajudam a reforçar o culto mediático do líder empresarial. Em tempos de guerra, memórias de generais vitoriosos inundam as estantes. Em tempos de prosperidade, CEOs, como Lee Iacocca e Jack Welch, se tornam best-sellers, os reis da filosofia. A gestão de Meg Whitman como CEO de eBay rendeu tanto um best-seller de memórias quanto uma corrida ao Senado dos Estados Unidos. Nessa época de vacas magras, muitos veem Warren Buffett, da Berkshire Hathaway, como uma rara voz da razão no meio de nossa política irremediavelmente maculada.

Estudiosos e analistas também ajudam a perpetuar essa visão de líderes como heróis individuais, a força por trás de grandes causas, atitudes épicas e viradas radicais. O livro *Good to Great – Empresas feitas para vencer* (Campus/Elsevier), de Jim Collins, endeusa o líder carismático, descrevendo a essência subjacente de uma pessoa ou tipo que faz um grande líder. As faculdades de Administração consagram ainda mais o culto ao líder devotando institutos inteiros ao assunto da liderança, e os estudantes de pós-graduação em negócios, muito compreensivelmente, fazem o mesmo.

Levantei essa questão há alguns anos, quando ministrava um curso no programa de negociação para 75 alunos de MBA da HBS (Harvard Business School).

Eu disse: "Eu estava examinando a grade de cursos hoje quando me dei conta de quantas disciplinas eletivas sobre liderança são oferecidas atualmente pela HBS. É impressionante, e sei que esses cursos são populares. Na verdade, para muitos deles, existe até fila de espera. Venho pensando em oferecer um curso para seguidores. Estou curioso. Quantas pessoas estariam interessadas em fazer um curso para seguidores no próximo semestre?" Ninguém levantou a mão. Alguns deram risada. A mensagem era clara. Ninguém quer ser seguidor.

A estética que o jazz ensina é outra. O jazz mostra que acompanhar pode ser não apenas um trabalho satisfatório como também um nobre chamado. E tudo começa pelo ouvido.

Ouvindo com generosidade

O que diferencia Roy de outros músicos é que ele sabe ouvir muito bem. Ensina a ouvir atentamente e responder adequadamente, a ter perspectiva, não sai fazendo tudo sozinho.

Pianista McCoy Tyner, descrevendo o baterista Roy Haynes[1]

A improvisação em grupo é um desafio adicional. Além do grande problema técnico do raciocínio coletivo coerente, há uma necessidade muito humana, até mesmo social, de união para aceitar um resultado comum.

Bill Evans[2]

Como vimos, o jazz prospera na improvisação; não há um roteiro claro que informe as pessoas como agir para se coordenar. O único caminho disponível para elas, na verdade, é ouvir. Os jazzistas *têm* de considerar atentamente uns aos outros; precisam estar atentos não só ao que cada um está fazendo e dizendo, mas também ao que ninguém está fazendo ou dizendo. Quando perguntaram a Miles Davis como ele improvisa, ele respondeu que ouve o que todo mundo toca e depois toca o que estiver faltando.

Tão aberto, apreciativo e generoso era o ouvido de Miles Davis, que ele sabia ouvir os pontos fortes, mesmo quando os pontos fracos se sobressaíam. Quando ouviu John Coltrane tocar pela primeira vez, Miles

Davis poderia ter notado o que tantos outros notaram: a estranheza ocasional de Coltrane ou os ruídos que interrompiam intermitentemente a linha melódica. Mas não foi isso que chamou sua atenção. O que ele ouviu foi o impulso criativo de Coltrane – a vontade de assumir riscos, a voz única e as frases musicais imprevisíveis. Miles Davis ouviu o que poderia ser, não apenas o que era: isso faz uma enorme diferença.

É a isso que me refiro quando falo em ouvir com generosidade; uma abertura altruísta ao que o outro oferece e a vontade de ajudar os outros a serem tão brilhantes quanto possível. Ser generoso não é o mesmo que não julgar. No jazz, como em qualquer outro empreendimento, as pessoas ficam presas a frases e estilos. Nem todos têm de sofrer para encontrar um caminho. Entretanto, ouvir com generosidade significa estar ciente de aonde o outro *está indo* – ter a noção das possibilidades futuras do outro. Nesses momentos, o ego sai de cena altruisticamente, quando você cede ao outro o papel principal e procura enaltecer suas contribuições. Em essência, saber ouvir com generosidade significa estar disposto a se tornar parceiro de seus colegas imediatos, ajudando-os a percorrer os obstáculos que enfrentam ao construir o caminho que escolhem seguir.

No jazz, essa generosidade se manifesta primeiramente no acompanhamento: os ritmos, acordes e contramelodias pelos quais os outros músicos acompanham um solo na improvisação. Não surpreendentemente, o acompanhamento alcança a alma dessa forma de arte.

Será que os membros de uma organização podem fazer o mesmo – acompanhar o raciocínio dos outros para que as ideias se concretizem, exatamente como os jazzistas, se esforçando para expressar a música em toda sua plenitude? Sim, claro, mas isso requer abrir mão dos padrões automáticos. Membros das organizações precisam abrir espaço para os demais, eliminar a tentativa de manipular e controlar os resultados, abrir mão de investimento em planos predeterminados e, muitas vezes, deixar de lado os protocolos já conhecidos. Em outras palavras, concordar em acompanhar é aceitar um convite para ser receptivo e se encantar com o que está por vir.

Em uma organização que enfatiza o acompanhamento, as ideias ganham destaque ou são descartadas com base em seus próprios méritos, não em quem as sugere. A viagem de descoberta tem precedência sobre a autoridade conferida pelo cargo. Nas organizações adeptas do acompanhamento, as pessoas são incentivadas a pensar em voz alta, a ter conversas francas, sabendo que os outros estão escutando e desenvolvendo as ideias de terceiros. O objetivo imediato é colaborar para o surgimento de ideias e insights e, para tanto, todos precisam ser especialmente sensíveis aos passos iniciais, momento em que as ideias são mais frágeis. O objetivo maior é mobilizar a inteligência e o espírito dos grupos em todo o sistema.

Nada disso é fácil. Ocorre uma subversão das hierarquias tradicionais quando as organizações aprendem o acompanhamento. Os padrões de deferência precisam ser renovados. Saber ouvir se torna mais importante que ser ouvido. Mas quando as organizações conseguem abraçar o espírito de generosidade que caracteriza a melhor improvisação do jazz, é como redescobrir o fogo.

Alternando-se no papel de líder e de seguidor

O culto ao líder apresenta um paradoxo fundamental. No mundo dos negócios, dedicamos enorme quantidade de tempo e energia a honrar e recompensar as conquistas individuais – a exemplo da mídia especializada – entretanto, sabemos que as rupturas inovadoras têm muito mais probabilidade de provir de relacionamentos sociais e de conversas e diálogos entre grupos diversificados com habilidades divergentes do que das proezas individuais dos gênios. Por que não contamos essa história – dos que estavam presentes na sala quando a grande ideia foi articulada pela primeira vez, e sobre os seguidores, não os líderes, que levaram um conceito ainda imaturo suficientemente a sério a ponto de torná-lo palatável e comercializável?

O motivo, desconfio, é a desvalorização do seguidor; entretanto, a verdade é que a improvisação não pode ocorrer – seja no jazz, seja entre os comediantes ou no desenvolvimento de novos produtos – se os jogadores não estiverem completamente dispostos a assumir o papel de líderes e também de seguidores. Na verdade, a simples prática de alternar entre esses papéis pode ser a *mais responsável* pela evolução dos relacionamentos.

Aqui, novamente, o jazz constitui um modelo pronto. Bandas de jazz realizam rotineiramente um rodízio de "liderança": ou seja, se revezam no solo e no acompanhamento de outros solistas, fornecendo a base rítmica e harmônica. Cada músico tem a oportunidade de desenvolver uma ideia musical, enquanto outros criam espaço para que esse desenvolvimento ocorra. Para garantir esses padrões de reciprocidade e simetria, os músicos se alternam entre solo e acompanhamento.

Nos arranjos escritos, os trechos da partitura em geral precedem, canalizam, sustentam e floreiam a improvisação do solista. De certo modo, esse acompanhamento condiciona o solista e organiza o curso do solo por meio de acordes, tons principais e timbres rítmicos. Isso tudo também leva à essência e à alma dessa forma de arte: no jazz, nunca basta ser um virtuoso; é preciso abrir mão do virtuosismo e permitir que outros também brilhem.

Na função de acompanhamento, os músicos interpretam o que o solista toca, prevendo as prováveis direções futuras e tomando decisões instantâneas sobre progressões harmônicas e rítmicas. Mas também são capazes de enxergar além da visão atual do solista, talvez o provocando em uma direção diferente, com timbres e extensões de acordes. Esse diálogo só pode ocorrer se os músicos forem receptivos e aceitarem os gestos dos colegas. Entre os solistas, predominam as mesmas obrigações. É preciso saber ouvir com a mesma generosidade com a qual o ouvem e ser igualmente receptivo a novas direções.

Se todos quiserem ser estrelas e não apoiarem a evolução das ideias do solista, o resultado será um jazz ruim. Já participei de sessões assim; são uma tortura. Se o solista se esquece de quem o está acompanhando, os resultados são igualmente ruins. É a simbiose que faz o trabalho no jazz florescer – quando os músicos ouvem e são ouvidos, dos solistas ao acompanhamento. Normalmente, pensamos que grandes atuações criam ouvintes atentos. O conceito aqui apresentado sugere uma inversão: a escuta atenta *permite* um desempenho excepcional. Eis o que o pianista Roland Hanna disse sobre seus 30 anos de parceria com o baixista Richard Davis:

> *Tenho uma ideia do que ele pode tocar de uma nota para a próxima. Se ele toca um dó com certa força, sei que em seguida ele pode estar à procura de lá bemol ou de um si bemol, ou qualquer outra direção possível. E sei que ele pode fazer certo tipo de passagem. Já o ouvi o suficiente para saber como ele pensa. Posso não saber exatamente que nota ele vai tocar, mas sei, em geral, que linha vai seguir ou como usaria as palavras, você sabe, a ordem em que colocaria as palavras... Durante vários anos, treinamos para podemos ouvir ritmos e prever combinações de sons antes que eles realmente se concretizem.*[3]

Imagine como a vida corporativa pode ser transformada por esse tipo de confiança mútua – uma cultura em que você sabe que não está sozinho; sabe que outros pensam com e sobre você, ajudando a torná-lo ainda melhor – uma cultura na qual, parafraseando o saxofonista Lee Konitz, você sabe que, se calcular mal ou errar por um segundo, tudo o que tem a fazer é manter a calma e deixar alguém assumir o solo por um momento, com a certeza de que a música continuará a crescer.[4] Poderia haver um modelo melhor de criatividade social – esse chamado para apoiar os outros assim, para que eles possam brilhar? Isso me faz lembrar de uma frase da Bíblia: "Aquele que se humilha será exaltado."

Rompendo o silêncio

O melhor aprendizado organizacional envolve aceitar uma mentalidade em que ocorre um rodízio entre os que solam e os que acompanham. Para isso, os líderes precisam dominar a arte de liderar e de seguir, tal como os músicos de uma banda de jazz. A simples prática do revezamento de papéis cria uma estrutura de mutualidade que garante a participação, inclusão, propriedade compartilhada e o diálogo organizacional, que podem levar à capacidade dinâmica nas organizações, exatamente como no jazz. Alimentar essa mentalidade também permite a expressão de novas ideias vindas de pessoas cujas vozes foram tradicionalmente silenciadas.

A IDEO institucionalizou essa noção de apoio. Quando a empresa realiza sessões de brainstorming sobre novos produtos, há uma nítida noção de competição entre os participantes, sobre quem tem mais e melhores ideias. Mas há também uma regra bastante explícita: "Não criticar a ideia de outra pessoa." Na verdade, espera-se que os participantes se baseiem nas ideias dos outros, sigam e acompanhem, proponham que a sugestão do outro tem valor e contribuam para seu aperfeiçoamento. Em uma cultura assim, as novas ideias sobrevivem por mais tempo, e as pessoas se ajudam a se tornar mais articuladas – brilhantes, até.

Pesquisas recentes sobre inteligência coletiva mostram que, quando as pessoas são ouvidas profundamente, os grupos se tornam mais articulados e brilhantes. Em um artigo recente, publicado na revista *Science*, Anita Woolley *et al.* descobriram que grupos nos quais algumas pessoas dominavam a conversa eram coletivamente menos inteligentes que outros nos quais havia uma distribuição mais igualitária de chances para que todos participassem das conversas.[5] Outros estudos de liderança distribuída nas escolas e inteligência colaborativa corroboram o valor do rodízio em funções de liderança e de apoio. Como observa Richard Hackman, "a liderança de equipe não é uma atividade individual... a liderança compartilhada é um recurso extremamente valioso para realizar o conjunto completo de funções de liderança necessárias à eficácia da equipe."[6]

Isso é mais que "rodízio de cargos". Revezar-se no solo e no acompanhamento equivale, em última análise, a se revezar na paixão egocêntrica e compaixão centrada no outro. A primeira, a paixão egocêntrica, é endêmica no contexto corporativo e, provavelmente, também um mal necessário. As empresas precisam de pessoas que as levem adiante. Mas muitos dos componentes da paixão egocêntrica – concorrência excessiva pelo estrelato, a necessidade de estar no controle unilateral, esforços para defender a própria posição contra os desafios, a hesitação em reconhecer os limites do próprio conhecimento – são obstáculos claros ao processo de aprendizagem.[7]

A compaixão centrada no outro é muito mais rara no ambiente corporativo, mas, sem dúvida, tem mais valor. A inovação organizacional prospera quando todos os membros têm espaço para desenvolver temas, pensar em voz alta e descobrir ao longo do processo de invenção. Devido à natureza complexa e sistêmica dos problemas que cruzam fronteiras convencionais, os gerentes – como especialistas de conhecimento – não podem ser operadores e atuarem apenas como solistas: eles precisam da expertise e de apoio mútuo para chegar a soluções inovadoras.

Com modelo para uma possível jam session organizacional, consideremos a "ValuesJam" que Sam Palmisano instituiu em 2003, logo depois de se tornar CEO da IBM – um chat de 72 horas na internet sobre o que a empresa representa, aberto a mais de 350 empregados da empresa, em 270 países. Um membro do Conselho questionou se era "socialismo", mas Palmisano seguiu em frente assim mesmo, com considerável sucesso.[8] Cerca de 140 mil empregados da IBM participaram do evento, após o qual a IBM desenvolveu uma nova declaração de valores.

Liam Cleaver, diretor do escritório do programa Jam, da IBM, descreve o ValuesJam como "um divisor de águas" para a empresa. "Acredito que o evento realmente redefiniu a relação entre funcionários e gerência, explorando a criatividade natural e a paixão das pessoas sobre o desejo de melhorar o local de trabalho."[9]

Encorajada pelo sucesso, a empresa voltou a ele três anos depois, com o primeiro Innovation Jam, sessão de brainstorming on-line que reuniu 150 mil pessoas, de 104 países, e lançou 10 novos negócios sob a égide da IBM. O evento foi repetido em 2008, com igual sucesso.

Essas discussões colaborativas on-line, nas palavras do Cleaver, "servem como uma centelha, na verdade, um catalisador para a mudança na organização". Mas são abertas e não orientadas por uma mentalidade do tipo "estou bem, você está bem". Vale a pena repetir: bom acompanhamento não é sinônimo de acordo. Seja em uma jam session ou em uma inovação na empresa, ajudar as pessoas a obter o máximo de seu desempenho às vezes significa desafiá-las a entrar em sintonia, acordar e lhes oferecer ideias que as ajudem a sair do lugar. As jam sessions, diz Cleaver, são "uma maneira de realmente aproveitar a criatividade e a inovação de um grupo a respeito de... um conjunto específico de tópicos. Portanto, não é uma conversa para todos, e sim uma conversa muito focada, que visa um resultado prático".[10]

São práticas – e oportunidades – que vão muito além do negócio. Em 2005, a IBM formou uma parceria com o governo do Canadá e um órgão das Nações Unidas para a realização de um Habitat Jam, discussão global sobre sustentabilidade urbana. Mais recentemente, a empresa começou a divulgar o conceito no site www.collaborationjam.com.

O que aconteceria se essa ideia de se alternar no solo e no acompanhamento se tornasse mais difundida nas organizações – se empregados, gerentes e executivos fossem avaliados de acordo com sua capacidade de abrir mão do ego, em um esforço para apoiar o desenvolvimento de outra ideia; se as empresas começassem a reconhecer e recompensar significativamente aqueles que se esforçam para cultivar, fortalecer e ampliar a capacidade expressiva dos relacionamentos; se as empresas valorizassem expressamente a liderança calcada na sincronia e no apoio?

Não é tão fácil quanto parece. Jam sessions, *crowdsourcing*, qualquer que seja o nome que você resolva usar, são inerentemente incertos, pois não há garantias de que surgirão ideias apropriadas. Apoiar esse tipo de liderança colaborativa e acompanhamento significa ter coragem de dar os passos iniciais em novas situações, quando as pessoas querem princípios de certeza, mas nas quais não há regras adequadas. Em suma, é um salto, mas a experiência da IBM sugere que essas empresas liberariam sua capacidade de improvisar e inovar. A história e a prática do jazz nos dizem o mesmo.

Por que alguns grupos são mais inteligentes que outros

Escrevi anteriormente que a inteligência coletiva torna os grupos mais inteligentes, mas nem todos os grupos são iguais. Pesquisadores do MIT que investigam a dinâmica da inteligência coletiva descobriram vários fatores que tornam alguns grupos mais inteligentes que outros. Em particular, três fatores diferenciam os grupos de alto desempenho, mais inteligentes, de seus pares com pior desempenho.

- O primeiro fator é o que os pesquisadores chamam de sensibilidade social. Esses grupos têm alto nível de empatia, seus membros são capazes de perceber as emoções uns dos outros. A capacidade de sintonizar o que outros estavam pensando e sentindo ajudou a capacidade intelectual do grupo inteiro. No próximo capítulo, examinaremos em detalhes o seminal álbum de jazz de Miles Davis, "Kind of Blue". Por enquanto, deixe-me citar um momento em que Miles Davis está solando e o pianista Bill Evans está tão sintonizado com ele que toca exatamente a mesma frase musical, junto com Davis. O termo *empatia* não seria forte o suficiente para captar essa dinâmica de profunda sintonia.

- O segundo fator que diferencia os grupos inteligentes é o envolvimento inclusivo e a alternância entre solo e acompanhamento, como nas bandas de jazz. Grupos em que só os líderes monopolizam, falam e deixam menos espaço para os outros têm desempenho pior. Todos nós já estivemos em situações como essas e, de modo geral, aprendemos a tolerar a prolixidade, mas esquecemos que a inteligência coletiva do sistema inteiro sofre. (Jack Welch disse certa vez que é necessária grande quantidade de autoconfiança para *não* dizer tudo que você sabe.) Por isso, o acompanhamento se torna mais do que ouvir passivamente. Se o solista está repetindo fórmulas, os que o estão acompanhando podem estimulá-lo a deixar de lado as velhas frases musicais familiares. Ken Peplowski uma vez fez isso comigo, quando me ouviu tocar um lick que ficara demasiado familiar. Começou a repeti-lo para me forçar a mudar e começar a pensar de outra maneira. As pessoas às vezes precisam de que os outros perturbem suas fórmulas e clichês.

- O terceiro fator que os pesquisadores encontraram é provocante, mas em um sentido quase previsível, considerando os dois primeiros. Grupos com predominância de mulheres tiveram desempenho superior aos constituídos principalmente por homens. Por quê? Os pesquisadores propuseram que isso aponta para o fator anterior, relacionado à sensibilidade: as mulheres são mais sensíveis e costumam dar mais espaço aos outros. Qualquer que seja o motivo real, a lição coletiva da pesquisa do MIT está clara: as organizações podem elevar seu QI, se esforçando para tornar todos sensíveis à inteligência coletiva e à dinâmica que tornam os grupos mais inteligentes.[11] Por que ser burro quando você não precisa ser?

Seguidores ativos, não passivos

Temos a tentação de ver as funções de apoio como atividade passiva, infeliz conotação associada à palavra *seguir*. Seguidores são ovelhas, lêmingues, aqueles que fazem fila atrás dos machos alfa, os ícones dos CEOs, ou às vezes os demagogos. O protótipo do jazz, entretanto, nos diz que isso está muito longe da verdade. Saber ouvir generosamente por meio do acompanhamento, saber ceder a vez para acompanhar é um esforço muito ativo, comprometido e até mesmo arriscado. Quando os membros de um grupo assumem o papel de seguidores, estão ao mesmo tempo guardando seu lugar e criando espaço: dando aos outros espaço para experimentar e apoiando o desdobramento de suas ideias.

Como vimos, é isso que fazem os jazzistas quando acompanham: criam um espaço que acolhe e reconhece o estado de espírito momentâneo do outro, proporcionando também a provocação que pode despertá-lo para considerar novas possibilidades. Aqui também há um paradoxo em ação: espera-se que os jazzistas realizem três tarefas que parecem mutuamente exclusivas – confirmar, contestar ou provocar e continuar – mas o acompanhamento funciona melhor justamente ao estabelecer essa conexão, fazendo tudo ao mesmo tempo.

De certa forma, o acompanhamento é o que poderíamos esperar de um bom amigo – aceitar as ideias do outro, prestar atenção aos momentos nos quais o outro pode ficar preso a antigos padrões ou fórmulas que precisam ser modificados, imaginar o potencial positivo do outro e ajudá-lo a ser mais articulado quanto a questões fora do alcance. Ser um bom pai ou mãe exige basicamente o mesmo conjunto de habilidades – a capacidade de criar o que o psicanalista Donald Winnicott chamou de "ambiente de holding", que serve de apoio ao desenvolvimento cognitivo da criança.[12]

Robert Kegan, psicólogo e professor de educação de Harvard, ampliou essa noção de holding ao desenvolvimento do adulto. Como aprendizes adultos, somos muito dependentes de um ambiente facilitador que possibilite a compreensão, empatia e estabilidade e liberdade suficientes para que a pessoa sinta segurança e confiança suficientes para crescer. Um grupo saudável cria um bom "ambiente de holding" para todos os membros, um espaço em que podem experimentar com a consciência de que receberão empatia, compreensão, apoio e também questionamento. Nesses ambientes, os adultos conseguem aprender e se desenvolver melhor. Esse ambiente é o que os jazzistas se proporcionam mutuamente no acompanhamento. O acompanhamento e um ambiente de holding são, ambos, duas formas do que chamo de acompanhamento como nobre chamado.

Na formulação de Kegan, o ambiente de holding desempenha três funções simultâneas: acolher, liberar e se manter no lugar. Em primeiro lugar, o ambiente consegue espelhar e suprir as necessidades da pessoa por meio do reconhecimento e da confirmação. Apoia e reconhece quem é a pessoa do momento, reconhecendo como ela pensa e se sente e aderindo "à sua *forma de ver e interpretar* o mundo (grifo nosso)".[13]

Em segundo lugar, o ambiente deve abrir mão do controle, desafiando os aprendizes a ir além do seu estado atual e reformular e repensar sua maneira de construir o mundo. Nesse sentido, o ambiente combate o conforto da afirmação e insiste para que os aprendizes se arrisquem e experimentem algo novo e diferente, e sigam a própria intuição.

Em terceiro lugar, um ambiente de holding permanece íntegro, mantém a presença à medida que o aprendiz passa pelo processo de reformular e entender a nova situação, apoia a pessoa em desenvolvimento e a ajuda a entender o que aconteceu depois.

É exatamente o que os músicos fazem quando se revezam no solo e no acompanhamento. Criam um ambiente geral de holding.

Noção de unidade

É muito mais fácil descrever essa noção de se alternar entre solo e acompanhamento que colocá-la em prática. Na verdade, um dos problemas de apresentar exemplos de bons seguidores é que, muitas vezes, o acompanhamento é invisível. Não estamos propensos a notar alguém que ajuda o outro a ser mais articulado ou acompanha sua ideia até que ela se concretize. Os seguidores, por natureza, não estão inclinados a se vangloriar do fantástico trabalho que realizaram ao ajudar alguém a florescer.

Certa vez, escrevi um artigo com meu amigo e colega David Cooperrider. Tínhamos a tradição de passar uma semana de maio na casa de campo de sua família, em Wisconsin, trabalhando nos artigos. Escrevi uma parte, e, em seguida, ele a leu e ampliou minhas ideias, escrevendo mais quatro páginas, que enviou para mim. Li o que ele escreveu e percebi como ele tinha tomado uma direção totalmente diferente, sugerindo possibilidades que eu jamais teria imaginado. O processo seguiu nesse vaivém, e o produto final acabou ganhando o prêmio de "melhor artigo" da Academy of Management (Academia de Gerenciamento). Ainda hoje, quando releio o artigo, não sei dizer que frases escrevi e quais Cooperrider escreveu. Nossa prosa, no solo e no acompanhamento, se tornou uma só.[14]

De maneira análoga, roteiristas de Hollywood responsáveis por seriados e outros episódios de televisão muitas vezes relatam não saber quem escreveu que linhas do roteiro. Ao contrário, eles se sentam e começam a lançar ideias, desenvolver enredos com base em contribuições mútuas e produzir uma narrativa coletiva, suas vozes separadas se misturam e formam uma única voz.

Há também o exemplo de Steve Nash, um dos grandes armadores de todos os tempos da National Basketball Association (Associação Americana de Basquete), conhecido por suas habilidades de armar jogadas e lidar com a bola. Os passes de Nash em campo foram destaques inúmeras vezes. Ele faz jogadas em campo quando os outros sequer enxergam as brechas ou as aproveitam. Além disso, é considerado um dos armadores mais inteligentes; em 2009, a ESPN classificou Nash como o melhor passador e o jogador com maior QI da liga. O que o diferencia, entretanto, não é o fato de ele *realizar* as jogadas, mas sim a *maneira* como o faz.

No futebol americano ou no basquete, o estereótipo do zagueiro dita ordens, assume o comando e informa o momento e a posição que cada jogador deve assumir. Nash é diferente. Vê sua função no campo muito mais em termos de ajudar os outros, perceber de que tipo de apoio eles precisam para prosperar e tentar intencionalmente complementar suas habilidades. Nash falou em uma entrevista com Charlie Rose sobre o equivalente no basquete ao ambiente de holding:

As pessoas provavelmente não entendem que um armador tem de ser uma mãe... tem de ser, assim, como um psicólogo. Não é apenas estratégico, é psicológico também. E é preciso entender, em minha opinião, não apenas a estratégia e as tendências dos colegas, mas também sua autoestima no momento; o objetivo é ver sua autoestima crescer à medida que o jogo e a temporada avançam. Há muito a ser considerado aqui; há muito a notar e interpretar. Acredito que, para ser um bom armador e um bom colega de equipe em geral, é preciso ser sensível também a essas coisas... É não verbal — seus ombros, seus olhos, a maneira na qual se comunicam de forma não verbal, é importantíssimo notá-los.

Não é impressionante ouvir uma atleta profissional falar em cuidar dos companheiros? Ele continuou:

Acho que você tenta se preocupar com os companheiros de equipe. Você tentar pensar em seus melhores interesses e nos interesse do grupo simultaneamente... Interessa ao time pensar com carinho nos melhores interesses de todos, em especial se estiver alimentando a todos... O componente final para mim é o sentimento... é saber quando avançar, quando se conter, conhecer as nuances da situação, seja psicologia ou estratégia. Acho que as pessoas subestimam o sentimento no jogo. E isso provavelmente é tão importante ou ainda mais – esse sentimento, essa compreensão da nuance.[15]

A citação é longa, mas é também uma descrição maravilhosa e intuitiva do ambiente de holding e de como assumir o nobre chamado dos seguidores – apoiar, compreender e encorajar os outros para que possam brilhar. Isso é não somente a pura essência do jazz e do basquete; é uma maneira de qualquer organização liberar seu potencial oculto.

CAPÍTULO 7

Liderança como competência provocativa

Cultivando a dupla visão

Duke Ellington foi um compositor, pianista e líder de *big bands*, aclamado e reconhecido como o compositor mais importante da história do jazz. Era muito inteligente ao utilizar os materiais à disposição para extrair o melhor das pessoas, reconhecer suas vozes únicas, apoiar seus pontos fortes e criar condições para que pudessem se expandir e florescer. Ellington prestava muita atenção ao que os músicos podiam de melhor, como tocavam quando estavam bem. Compunha músicas especificamente para utilizar os pontos fortes dos músicos, suas personalidades, vozes e sons únicos.[1]

Duke Ellington procurava vozes distintas em sua banda e buscava intencionalmente diversidade de sons. Foi o primeiro a implementar instrumentos de sopro equipados com surdinas e combinados com clarinetes altos. Suas harmonias eram únicas, muitas vezes reproduziam instrumentos que ninguém havia pensado em juntar. Ao contrário dos arranjadores, em geral, ele não fazia arranjos anonimamente para instrumentos específicos, como trompetes, trombones e afins. Ao contrário, arranjava para os sons e vozes peculiares dos membros da banda, virtuosos como Cat Anderson, Cootie Williams e Rex Stewart. Ellington era talentoso em várias áreas – na composição, em especial –, mas era um mestre da coordenação relacional.

Mark Gridley escreveu no livro *Jazz Styles*:

Cada um dos músicos de Ellington tinha um som altamente individual. Assim, mesmo quando não estavam solando, suas maneiras únicas de tocar cada som eram levadas em consideração por ele antes de designar partes específicas para cada um. Por exemplo, se um acorde fosse composto por três trompetes, Ellington se lembraria do timbre de cada trompetista para cada nota do acorde e distribuiria as partes de forma a criar a tonalidade do acorde que planejara no arranjo. Além disso, às vezes ele queria que um trompetista usasse uma surdina, que outro não a usasse e que um terceiro tocasse a nota com um timbre peculiar que só ele era capaz de extrair de um trompete. Ellington fazia isso com saxofones e trombones também. Essa é uma das razões pelas quais os arranjos de Ellington, quando tocados por outros músicos, nunca pareciam com o som de sua banda.[2]

Seu trompetista, Cootie (Charles Melvin) Williams, tinha um estilo característico que envolvia o uso da surdina *plunger* para obter nuances únicas. Williams conseguia alterar a extensão, a forma e a qualidade dos sons, além de criar uma ampla variedade de efeitos musicais. Ele entrou para a banda de Duke Ellington em 1929 e tocou com ele durante 10 anos. Diversas gravações famosas de Ellington têm a participação de Williams, inclusive "Concerto for Cootie", que mais tarde se tornaria o hit "Do Nothing Till You Hear from Me". Nunca antes um trompetista havia tocado com estilos e alcances tão diversos, desde surdinas até notas altas e retumbantes. Em vez de forçar Williams a se adaptar a um som no "estilo Ellington", Ellington criou um veículo para que Williams se expandisse e descobrisse a própria voz.

Ellington tinha muita autoridade formal à sua disposição, mas raramente a utilizava ao lidar com a banda. Há histórias lendárias sobre conflitos disfuncionais entre os músicos. Ellington parecia tratá-los como um risco ocupacional associado à criatividade. Quando os músicos se atrasavam para uma apresentação, Ellington começava sem eles, às vezes escolhendo músicas mais adequadas para um grupo menor. Mau humor, falta de confiabilidade e alcoolismo eram bastante comuns entre os músicos. Um deles deixou a banda no meio de um número para jantar. No entanto, com exceção de Charles Mingus, cuja explosão de raiva contra o trombonista de válvula Juan Tizol o levou a empunhar uma faca, Ellington nunca demitiu um membro da banda e, mesmo na época, ele teria dito a Mingus: "Charles, não demito músicos, portanto devo lhe pedir que se demita da minha banda."

Certa vez, alguém perguntou a Ellington por que ele aguentava esse comportamento rude e imprevisível. Sua resposta: "Vivo para as noites em que essa banda é ótima. Não penso em noites como essa que lhe preocupa. Se você prestar atenção a essas pessoas, elas vão deixá-lo louco. Não vão me deixar louco."[3] A decisão de Ellington de concentrar atenção na banda quando ela tocava brilhantemente é uma habilidade preciosa e fundamental para a competência provocativa, como explicarei mais à frente.

Estimulando a *design mindset*

Quando falamos em liderança, muitas vezes confundimos autoridade com influência. Presumimos que o importante é ter autoridade suficiente para ter influência. Este livro propõe uma maneira alternativa de refletir sobre atividades de liderança: vê-las como atitudes relacionais no desenrolar de um contexto. Nesse modelo, a eficácia da liderança é medida não pela autoridade ou posição da pessoa na hierarquia organizacional, mas pela maneira como trabalha com os recursos disponíveis, por mais limitados que sejam, e como ajudam efetivamente a liberar o próprio potencial e o dos outros. Como escreveram Karl Weick *et al.*: "A ordem da vida organizacional vem tanto dos aspectos sutis, pequenos, relacionais, orais, específicos e momentâneos, quanto dos evidentes, grandes, substanciais, escritos, gerais e duradouros."[4]

Recentemente, Richard Boland e seus colegas da Weatherhead School of Management, na Case Western Reserve University, utilizaram o trabalho de Herbert Simon e analisaram a liderança por uma perspectiva que ficou conhecida como *design mindset*.⁵ Simon percebeu que muitas vezes vemos gerentes como os responsáveis pela tomada de decisão e, de fato, a maioria dos cursos de MBA foca técnicas para uma boa análise e para a tomada de decisão. Talvez, propôs ele, devêssemos pensar em líderes e gerentes de maneira diferente, não tomando decisões com base em dados passados, mas criando maneiras para que as pessoas possam prosperar no futuro.

Em vez de ver a liderança como tomada de decisão – como um processo racional de separar dados, analisar tendências e tomar decisões com base na previsão do futuro –, a estrutura conceitual do *design* enfatiza a experimentação pragmática. Ela vê gerentes como responsáveis por gerar e dar forma ideias, agentes que transformam situações imperfeitas em melhores ao questionar pressupostos, explorar ideias tangenciais e criar metáforas que estimulam o pensamento. As ações são experimentais, e o conhecimento é aplicado, pragmático e contínuo, em vez de estável, objetivo e previsível.

Enquanto uma abordagem tradicional e racional para compreender a ação gerencial tende a favorecer atividades analíticas, como otimizar, minimizar riscos e escolher entre atividades pré-determinadas, a abordagem de *design* reconhece como os gerentes moldam mundos de interpretação nos quais os outros podem fazer contribuições significativas. Liderança, sob esse ponto de vista, é um processo transformador que requer atenção às "estratégias de terceira ordem" para a concretização do aprendizado de segunda ordem. Nesse contexto, liderança está muito menos relacionada com linhas de autoridade ou hierarquias piramidais e muito mais relacionada com encontrar as alavancas mais sutis que influenciam a produtividade e o desempenho: Quais são e onde estão?⁶

Competência provocativa

A liderança como atividade de *design* significa criar espaço, apoio e desafios suficientes para que as pessoas fiquem tentadas a crescer por conta própria. O objetivo é o oposto da conformidade: o trabalho de um líder e gerar discrepância e dissonância que instiguem as pessoas a sair das posições habituais e padrões repetitivos. Vejo essa capacidade essencial de liderança como "competência provocativa".

O trombonista Milt Bernhart conta uma história sobre Duke Ellington que ilustra belamente sua competência provocativa. A banda tocaria uma composição musical com base em um filme. Para começar, Ellington colocou um único verso da música com oito compassos em cada estante. "Olhei para aqueles famosos olhos inchados e perguntei: 'Desculpe, Duke. O que vamos tocar além dos oito compassos que temos aqui?' Uma parte mínima de sua sobrancelha se ergueu, e ele disse: 'Na hora você vai saber.' Assim terminou o período de perguntas." Essa é uma arte de liderança diferente, que consiste em projetar apenas a estrutura suficiente que limita e guia o solista à descoberta de novas possibilidades.[7]

O trompetista Clark Terry recorda outra história que também ilustra o estilo de liderança de Ellington. Certo dia, Ellington pediu a ele que tocasse como o trompetista Buddy Bolden. "Eu disse: 'mas, maestro, não sei quem é esse tal de Buddy Bolden!' Duke respondeu: 'Ah, é claro que você sabe quem é Buddy Bolden. Buddy Bolden era suave, bonito, um gato garboso, adorado pelas mulheres. Ah, ele era fantástico! Era fabuloso! Sempre o queriam. Tinha o maior e mais volumoso som de trompete da cidade. Usava notas dobradas ao extremo. Costumava afinar o instrumento em Nova Orleans e quebrar copos em Argel! . . . Para falar a verdade, você é Buddy Bolden!'"[8]

Isso também é competência provocativa em ação. Primeiro, é claro que Ellington tinha uma imagem positiva de Clark Terry: enxergava o que Terry tinha de melhor, reconhecia seu potencial e insistia nessa imagem, mesmo que Terry parecesse confuso e perdido. Observe todos os superlativos que utilizou para descrever Buddy Bolden – fabuloso, fantástico, sempre procurado, o maior e mais volumoso som – e como Ellington fez uma transição simples para mostrar a Terry que estava falando dele o tempo todo. Em última análise, Ellington deu a Terry nada mais que algumas sugestões, apenas o suficiente para romper seus hábitos e inspirá-lo a ir além. Terry disse que, quando terminaram a conversa, ele achou que fosse Buddy Bolden, pronto para fazer "o maior e mais volumoso som da cidade".

No jazz, como nos negócios, precisamos de líderes que façam isso – homens e mulheres que apoiem os saltos criativos, que possam criar um contexto que amplie as possibilidades criativas e instigue vislumbres, insights repentinos, especulação ousada, empreendimentos criativos e disposição (até mesmo insistência) em fazer as pessoas explorarem novas possibilidades antes de terem certeza e de compreenderem inteiramente o significado do que estão fazendo. Liderança desse tipo requer um bom *design*. Esses líderes têm de criar um espaço que sugira possibilidades e, ao mesmo tempo, ofereça a quantidade certa de obstáculos e limitações. Também precisam ter capacidade para perceber o potencial das pessoas, talvez mais que elas mesmas. Só assim os líderes poderão romper os hábitos de modo a exigir que as pessoas saiam da zona de conforto. É disso que trata a competência provocativa – liderança que anima a atividade e desperta a mente para a vida.

Escapando da armadilha da competência

Pesquisas mostram que as organizações bem-sucedidas precisam tomar cuidado. Elas tendem a não conseguir se adaptar, principalmente quando precisam lidar com choques perturbadores, mudanças tecnológicas radicais e mudanças no mercado. Como demonstraram Clayton Christensen e outros, muitas vezes foram a própria competência e os padrões de sucesso que cegaram essas organizações e as levaram à queda. As três grandes empresas do ramo automobilístico de Detroit são um exemplo clássico. Décadas de domínio do mercado cegaram a Ford, a GM e a Chrysler para as drásticas mudanças ocorridas no mercado. Os próprios elementos que o sucesso havia tornado confortáveis e automáticos se tornaram armadilhas que impediam uma mudança significativa.

Não faltam exemplos. A Walt Disney Company alcançou um sucesso enorme com os parques temáticos nos Estados Unidos, mas quando a

Disney tentou levar o vitorioso empreendimento para a Europa, os executivos ficaram chocados com os resultados. Acontece que os mesmos sistemas e processos que funcionaram na Flórida e na Califórnia não funcionaram no contexto europeu, que tem um conjunto totalmente diferente de *players* internacionais.

A LEGO é outro exemplo de armadilha da competência. Os brinquedos de plástico eram seu ponto forte. Quando surgiram os brinquedos eletrônicos, na década de 1990, a LEGO manteve a mesma rotina, fazendo o que fazia de melhor e focando os concorrentes tradicionais, enquanto perdia significativa participação no mercado. A Kodak igualmente fracassou ao abordar as implicações da tecnologia digital como ameaça ao seu negócio principal de papel e filme fotográfico, enquanto os gerentes seniores da Polaroid não conseguiam reconhecer a necessidade de competir em software, e não em hardware. Ainda na década de 1970, as várias empresas de pneus da Akron ignoraram a ameaça representada pelos pneus radiais. Uma década mais tarde, os fabricantes suíços de relógios não estavam preparados para enfrentar a concorrência japonesa na produção de relógios de quartzo. Afinal, para que se dar ao trabalho? Os relógios suíços eram nitidamente melhores.

Em muitos desses exemplos, as organizações tinham a tecnologia inovadora antes dos concorrentes. Muitos também previram as mudanças no mercado e tinham uma noção de tendências ambientais antes dos concorrentes, mas eram incapazes de aproveitar as próprias ideias ou levar seus produtos ao mercado. Essa é a natureza da armadilha da competência – forças e capacidades se transformam em inflexibilidade, que impede o aprendizado e a adaptação.

Os jazzistas enfrentam tentações semelhantes todos os dias – a tendência a preferir padrões, frases musicais bem conhecidas no repertório e licks recebidos com entusiasmo em apresentações anteriores; a tendência a se tornar, na verdade, imitações de si mesmos. Para evitar cair na armadilha da competência, os músicos veteranos tentam ativamente alcançar o que muitos consideram uma atividade arriscada, até mesmo perigosa. Esforçam-se deliberadamente para criar desorganizações e reorientações incrementais, na esperança de superar os hábitos e se colocar em situações musicais desconhecidas, que exijam novas respostas, ou "enganar" suas respostas automáticas ao se atirarem em situações musicais reais complexas, na tentativa de tocar em contextos desafiadores.

"A busca era sempre por algo que soava correto para substituir o previsível e [por isso] errado", disse Tony Oaxley certa vez.[9] O pianista Bill Evans ensaiava continuamente trechos musicais que não entendia bem e, quando se tornava especialista neles, passava para outros.[10] O saxofonista John Coltrane tocava intencionalmente as canções em tons difíceis e desconhecidos porque "isso [o] fazia pensar" enquanto tocava, já que não podia confiar que seus dedos tocassem as notas automaticamente. Keith Jarrett disse certa vez: "Você nunca está em uma posição segura. Nunca está em um momento em que tudo esteja perfeitamente alinhavado. É preciso escolher entre ser seguro feito pedra ou inseguro, mas capaz de fluir."[11]

Herbie Hancock contou como se inspirou a explorar o desconhecido ao ouvir alguém tocar um trecho que ele sabia que não conseguiria reproduzir. Para alguns, pode parecer desestimulante, mas para Hancock, assim como para a maioria dos grandes jazzistas, esse era o começo, não o fim da história:

> *Fui músico a vida inteira, tive toda essa formação em música, mas sabia que nunca poderia ter criado aquilo. E quando não consigo, algo está faltando – preciso descobrir como fazê-lo! Sempre agi assim quando ouvia algo de que gostava, mas que não sabia fazer. Foi assim que entrei no jazz. Ouvi um cara tocar [jazz no piano] em um show de talentos no colégio e soube que ele sabia o que estava fazendo, e com o meu instrumento – mas eu não fazia ideia do que estava acontecendo. Portanto, quis aprender aquilo. Foi assim que comecei. Para fazer isso, você tem de ter consciência do que não sabe.*[12]

Os grandes líderes do jazz se esforçam igualmente para manter as bandas revigoradas. Hancock lembra que Miles Davis desconfiava muito dos músicos de seu quarteto que tocavam padrões repetitivos, por isso, os proibiu de ensaiar.

Na tentativa de estimular a banda a abordar canções conhecidas sob nova perspectiva, Davis às vezes as tocava em tons diferentes ou tocava canções que a banda ainda não havia ensaiado. Aliás, ele fazia isso nos shows, diante do público. "Pago para vocês ensaiarem no próprio show", dizia Milles Davis, nas recordações de Hancock. Tal estratégia de alto risco era perigosa o suficiente com uma banda experiente, mas, na época que Hancock retratou a história, a banda de Davis era formada, em sua maior parte, por músicos jovens, em seus vinte e poucos anos. O baterista Tony Williams estava na adolescência, e os membros da banda quase não tinham experiência em tocar juntos.

Keith Jarrett diz que, como parte do compromisso de Davis em "manter a música original e em movimento", ele se distanciou dos próprios prazeres também. "Você sabe por que não toco mais baladas?" Jarrett se lembra da resposta de Davis. "Porque gosto muito de tocar baladas."[13]

Cultivando a agilidade e a capacidade dinâmica

Talvez meu exemplo favorito do uso da competência provocativa para superar a armadilha da competência tenha acontecido no dia 2 de março de 1959, às 14h30, no estúdio de gravação Columbia. Na época, o mundo do jazz estava dominado por um estilo musical chamado bebop. Implementado por Dizzie Gillespie e Charlie Parker apenas uma década antes, esse estilo tomou de assalto o mundo do jazz e havia se tornado referência entre os jazzistas. O bebop é um estilo musical ágil, criado ao tocar padrões complicados sobre acordes complexos e frases sincopadas em um ritmo extremamente acelerado, muitas vezes soando como uma enxurrada de notas. Portanto, nada poderia ter preparado o quinteto para o que Miles Davis apresentou naquele dia, em 1959.

Davis vinha passando algum tempo com o jazzista George Russell, ouvindo e discutindo música clássica inovadora, inclusive Bartók, Stravinsky e Schoenberg. Ora, toda a energia criativa gerada por esses encontros se uniu de forma rara. Quando seu desavisado quinteto chegou ao estúdio, foram apresentados a esboços de músicas – algumas parcialmente completas –, escritas em formas modais não convencionais, usando escalas estranhas para os jazzistas do Ocidente naquela época.

Uma canção, "So What", estava minimamente esboçada, sem mudanças comuns de acordes, usando dois modos incomuns, de uma maneira que os músicos nunca haviam tocado. É difícil entender a estranheza que isso deve ter causado. Sim, eram músicos acostumados à inovação, mas também acostumados a abordar canções da maneira padrão, tocando notas que combinavam com os acordes em uma espécie de sequência conhecida e, em seguida, repetindo a forma, à medida que cada solista se revezava para tocar as mudanças. Mas nessa canção, "So What", não havia acordes propriamente, pelo menos que seguissem padrões previsíveis.

Davis nunca foi de dar instruções excessivas, mas, dessa vez, pediu aos músicos que explorassem as escalas. Aquele era um grau de liberdade inteiramente novo – não havia limites para o que se tocasse –, mas, ao mesmo tempo, oferecia novas restrições: como saber *o que* tocar? Os músicos não podiam recorrer a hábitos conhecidos que os ajudassem a se sentir competentes ao atravessar o território desconhecido.

Outra canção, "Blue in Green", continha 10 compassos, em vez dos 8 ou 12 que caracterizavam a música popular americana. O quinteto de Davis nunca ouvira a música antes, não estava familiarizado com as formas estranhas *e* não havia ensaiado. Na primeira vez que tocaram a canção, o gravador estava ligado. O resultado foi o álbum "Kind of Blue", considerado por muitos um marco do jazz – talvez *o* marco, e o disco de jazz mais vendido da história.

"Kind of Blue" foi gravado de "primeira". Quando o escutamos, podemos ver os músicos tocando as composições pela primeira vez, descobrindo novas canções e as inventando ao mesmo tempo. Alguns disseram que era o álbum de jazz perfeito: melódico, lírico, emocionante, animado, intelectualmente exigente *e* completamente espontâneo. Não é de admirar que o álbum tenha iniciado uma revolução musical, mudando não apenas o futuro do jazz, mas também o futuro do *rock and roll*. Davis convenceu os músicos a romperem as regras e hábitos por trás da forma como conheciam e sentiam o mundo da música.

Pense na primeira canção gravada naquele dia – "So What", que acabei de descrever. Começou com Bill Evans tocando algumas cordas em harmonia modal e deve ter soado levemente incomum aos músicos naquele dia. Paul Chambers entrou com o baixo tocando uma frase de dois compassos. Evans respondeu com dois acordes que alguns chamam de cadência do "amém", pela maneira como é formulada. Aconselho vocês a ouvir essa composição histórica; é quase possível ouvir os músicos aprendendo em tempo real. Davis tocou o primeiro solo e começou com três notas básicas que parecem cair do trompete. Repetiu as três notas e voltou à frase regularmente, como espécie de eixo que o mantinha seguro. Conforme solava, ele deixou a frase, e é possível perceber o acompanhamento dos músicos ao fundo, que se tornavam cada vez mais confiantes à medida que tocavam.

Há até um famoso erro que ocorreu quando Davis começou a solar. O baterista Jimmy Cobb começou o primeiro solo com uma batida de pratos, assim como a maioria dos bateristas faria para começar um solo de bebop com uma levada difícil. O problema é que essa não é uma canção bebop de levada difícil. Ela tem uma atmosfera descontraída, quase preguiçosa. A batida nos pratos destoa no meio da atmosfera discreta. Cobb disse mais tarde que soube imediatamente que cometera um erro e deduziu que tivessem de refazer a gravação. Mas não havia segunda gravação naquele dia, e essa estranha batida nos pratos ainda pode ser ouvida em alto e bom som.

Quando Davis terminou o solo, foi a vez de John Coltrane, que, mais tarde, viria a dominar a música modal, mas naquele dia ainda estava aprendendo, e o trabalho era experimental até mesmo para ele. O que nos interessa é a abordagem de Trane. Ele percorria a escala modal várias vezes, como se examinasse o material à sua disposição, como Picasso olhando para a paleta de cores ao começar a pintar. Aqui também é possível ouvir o grupo ficando cada vez mais confiante ao acompanhar o solo de Trane. Tal qual na história dos exploradores que vagavam pelos Alpes suíços com um mapa dos Pireneus, esse grupo foi vagando de acordo com o desafio que Davis determinou. Deram alguns passos, repetiram uma frase anterior, se aventuraram e seguiram em frente. E o efeito é maravilhoso: um grupo aprendendo em tempo real, enquanto cria uma obra de arte histórica.

Evans escreveu duas canções, embora sua autoria não tenha sido creditada no início. Para a canção "Flamenco Sketches", Evans sugeriu cinco escalas que expressavam atmosferas diferentes, uma maneira bem incomum de compor uma canção. Ele escreveu em cima da música: "Toquem o som dessas escalas." É a diretriz mais vaga que uma pessoa pode receber. Aliás, ele não deu qualquer orientação sobre quanto tempo tocar, como ou quando mudar de uma escala para outra, nem quais acordes explícitos deveriam usar. Ao contrário, Evans tocou conjuntos de notas e tonalidades cromáticas no estilo de Ravel ou Debussy. E o resultado é uma peça musical clássica na qual os músicos se estendem mais uma vez sobre um território até então desconhecido.

Três dos membros da banda se tornaram líderes de suas próprias bandas e cada um se desenvolveu de maneira excepcionalmente diferente. Evans mudou para sempre o estilo do trio para piano. Cannonball Adderly formou um grupo que tocava blues e bebop. Dois anos mais tarde, Miles Davis formou o quinteto mais poderoso e influente de sua carreira, com Herbie Hancock, Tony Williams, Ron Carter, Wayne Shorter – e cada um desses veio a se tornar líder por conta própria.

Por sua vez, John Coltrane se tornou um dos melhores solistas de jazz do mundo na década seguinte, mas nunca esqueceria a influência daquela sessão de gravação. Ele já era famoso por acumular acordes sobre acordes e tocá-los com tal grau de intensidade que um crítico se referiu a sua música como "folhas de som", rótulo que o acompanhou para sempre. No dia 2 de maio de 1959, no entanto, folhas de som não foram suficientes. Fred Kaplan escreveu que "no entanto, em vez de desorientá-lo, como se poderia esperar, a mudança dessa sessão de acordes para escalas levou Coltrane rumo a uma trajetória nova e mais abrangente. Ele ainda desenrolava suas folhas de som, mas como não precisava mais cumprir o que [o teórico de jazz George Russell] chamava de 'o prazo de um acorde específico', podia variar o compasso, se concentrar mais em ritmo, atmosfera e melodia; seus solos, embora mais virtuosos que nunca, eram líricos e flexíveis."[14]

Na próxima seção, vamos desmembrar a competência provocativa em suas partes componentes. Por enquanto, observe que Davis não agia com base no consenso. Grande parte da literatura sobre liderança sugere que os líderes busquem o consenso do grupo e consigam a adesão à sua visão. Contudo, como Ellington, Davis não procurava estímulos antes de adotar essas atitudes. Se ele tivesse entrevistado o quinteto com antecedência e perguntado como se sentiriam com relação a tocar em uma gravação com modos e formas estranhos, teria obtido como resposta olhares perplexos, certamente, mas não aprovação ou consenso.

Observe também que nem Ellington nem Davis se tornaram excessivamente ligados às próprias ideias. Como uma atividade de *design*, Davis lançou as ideias para ver até onde iriam, mas se resguardou para não se apaixonar pelas próprias criações. Davis fez sondagens e sugestões experimentais, mas elas eram, em sua maioria, para animar a conversa, conduzir a atividade e brincar. Líderes como ele sabem que não criam algo espetacular sozinhos. Eles inventam instruções que os grupos possam seguir e não esperam que todas funcionem. Se, como resultado, surgir uma ideia melhor, não será um fracasso, mas não há como saber desde o início. É um estado de questionamento contínuo, reflexivo.

Desconstruindo a competência provocativa

A competência provocativa é, em primeiro lugar, uma *atitude afirmativa*. O que torna essas intervenções poderosas é o fato de o líder manter uma imagem positiva sobre o que os outros são capazes. Isso muitas vezes significa enxergar os pontos fortes das outras pessoas melhor que elas próprias. Davis sabia que Coltrane, Adderly e os outros tinham a capacidade de tocar nesses modos desconhecidos e talvez estranhos, e que fariam contribuições úteis e até mesmo criativas. Igualmente importante, ele valorizava seus pontos fortes, não os pontos fracos.

Quando um líder tentar provocar alguém se concentrando em seus déficits ou pontos fracos, o gesto parece crítico e penoso. Os líderes que exibem a competência provocativa sabem que é um momento de *vulnerabilidade da aprendizagem*. Não há garantia de que a experiência será bem-sucedida e, na verdade, os músicos na gravação de "Kind of Blue" não faziam ideia de que haviam feito história até muitos anos mais tarde, quando as pessoas começaram a responder à música e explorar suas possibilidades. São momentos de inquietude, nos quais as pessoas ficam momentaneamente desequilibradas, e muita provocação ou uma provocação que chame atenção para os pontos fracos será potencialmente fatal se você estiver tentando instigar descoberta, receptividade e abertura. É importante criar uma cultura de participação, um ambiente que proporcione estabilidade e segurança suficientes para que as pessoas saibam que existe uma rede de segurança, alguém para cuidar delas enquanto se expandem.

Em segundo lugar, a competência provocativa envolve a implementação de uma *pequena ruptura na rotina*. O que torna a competência provocativa uma "arte" é a apresentação de material incomum suficiente apenas para empenhar as pessoas a prestar atenção em novas maneiras. A ruptura deve ser adequadamente dimensionada, aos poucos. Para isso, o timing é essencial. Líderes que provocam rupturas regularmente ou que tentam ser provocativos o tempo todo são detestáveis e acabam ignorados. É importante estar atento para o excesso de ruptura no momento. É isso que torna a competência provocativa uma arte. No caso de Davis, a ruptura era dimensionada com mão de mestre e um claro aceno para a afirmação que acabei de mencionar. Davis não sugeria que o baterista tocasse piano, nem que o baixista tocasse saxofone. Isso seria pouco mais que uma artimanha irritante. Ao contrário, ele interrompia a rotina o suficiente apenas para libertar o quinteto para se lançar ao desconhecido.

Outro elemento fundamental para a competência provocativa e bem exemplificado pela gravação de "Kind of Blue": é essencial criar situações que *exijam atividade*. E mais, não era uma ação do tipo "tudo ou nada". Os músicos devem tentar e tentar novamente, continuar tentando e descobrindo à medida que praticam. A passividade não foi uma opção naquele dia. Os músicos não podiam voltar atrás, refletir um pouco e esperar alguém fazer algo. Quando Davis começou a tocar a canção, não tinha como voltar atrás. As pessoas precisaram mergulhar também e começar a tocar.

O quarto elemento nesse processo é *facilitar a reorientação incremental, incentivando a repetição*. A repetição constitui, com efeito, uma zona de conforto, mas não caracterizada pelo conforto excessivo. Mesmo quando recorrem a antigos hábitos, as pessoas precisam prestar atenção em novas pistas e opções, bem como começar a administrar e processar informações em um contexto novo e mais amplo. São momentos de compreensão gradual e de segurança, que evapora lentamente. Como me disse um de meus amigos jazzistas: "Nem toda repetição é igual." Às vezes, é preciso repetir um gesto para começar a percebê-lo sob um ângulo levemente diferente. Ouvir os traços de seus movimentos o encoraja, à medida que você enxerga novos começos e explora outras direções.

Em "Kind of Blue", encontramos isso repetidamente em cada um dos solos. Como observamos anteriormente, o primeiro solo de Davis começou com três notas simples. Ele repetiu essas notas em um padrão levemente diferente, mas logo elas soaram completamente diferentes porque pertenciam a uma estrutura contextual criada e descoberta simultaneamente. Essa é outra faceta da arte da competência provocativa: *os líderes não podem parar para julgar cedo demais*. Precisam encorajar as pessoas a continuar tentando, a explorar gestos e expressões para um atrativo em potencial, que pode só se tornar claro muito tempo depois.

O último elemento da nossa desconstrução da competência provocativa é o *foco analógico* em perspectivas e processos de pensamento. Trata-se do momento em que as pessoas enxergam o que está surgindo e dão o salto para a desordem, à medida que fazem comparações, ligações e conexões com o todo maior que desponta. Associam o conhecido a novas expressões, se ajustam ao inesperado de uma maneira que recompõe o material anterior. São momentos delicados, em que cada interpretação tem implicações sobre o caminho a seguir. As pessoas começam a notar afinidade entre composições que anteriormente pareciam desconectadas, semelhanças que ninguém havia percebido antes. Observe a maneira como Cannonball Adderly solou em "Kind of Blue", fazendo ligações com frases do blues e do bebop que havia tocado no passado. Nenhum planejamento prévio teria feito essas ligações. Ao contrário, sob a orientação da competência provocativa, as pessoas começam a fazer conexões paralelas entre contextos aparentemente não relacionados e ver ligações entre ideias aparentemente díspares.

Em várias ocasiões, ao discursar sobre competência provocativa diante de grupos de executivos, a reação deles – embora amplamente positiva – incluiu comentários como: "É fácil para você usar Miles Davis como exemplo. Veja só as pessoas talentosas que o cercavam. Não é de admirar que tenham criado um álbum maravilhoso, histórico – eram instrumentistas maravilhosos. Mas o que fazer quando se tem um grupo menos talentoso ou uma equipe de baixo desempenho?"

A pergunta é compreensível, talvez até inevitável, mas desconsidera o mais importante. É claro, grupos diferentes têm níveis de desempenho diferentes, e os líderes certamente têm de lidar com talentos imperfeitos, mas dizer sim à desordem significa *encontrar afirmação no melhor do que já existe*. Cada grupo, cada indivíduo tem algum ponto forte, algum momento de desempenho excepcional, com o potencial de fazer a diferença em algum instante. Os líderes verdadeiramente talentosos – aqueles que praticam e exibem a competência provocativa – são capazes de descobrir esse potencial mesmo quando bem escondido, quando os indivíduos em questão não o conseguem ver em si mesmos. Eis um verdadeiro dom: ser capaz de enxergar as pessoas em seu melhor desempenho, quando seu comportamento no momento estiver bem abaixo do esperado.

Cultivando a dupla visão

Sócrates disse certa vez que a sabedoria começa com a admiração. É possível que líderes empresariais criem condições que promovam a admiração? Eu diria que não só é possível, como também obrigatório. No entanto, precisamos reconhecer primeiro que esse é um modo diferente de liderança. A literatura sobre liderança carismática insiste na necessidade de criar uma visão clara e de manter o compromisso com ela, haja o que houver. Pode até ser, mas a gerência construída em torno da competência provocativa faz mais que isso: exige que os líderes ajam com confiança mesmo quando estiverem em dúvida, questionando e investigando pressupostos.

Líderes provocativos desenvolvem a dupla visão; criam novas narrativas e, ao mesmo tempo, compreendem que elas ainda não existem completamente; convidam pessoas a vivenciarem histórias promissoras. Esses convites não são apenas exercícios da imaginação. Eles exigem o envolvimento profundo das pessoas. Líderes provocativos não são bons ouvintes no sentido tradicional, não ouvem apenas o que está sendo dito. Vão além, "ouvem demais", escutam as implicações do que pode surgir e leem nas entrelinhas.

Como acabamos de ver, Davis era um líder transformacional. Ele imaginava movimentos nunca tocados e ignorados antes de existirem e, por causa disso, a história do jazz e da música pop mudou para sempre. O mesmo acontece com todos os líderes provocativos. Eles utilizam sua dupla visão para criar mudanças positivas e inspirar possibilidades alternativas. Implementam uma maneira de falar ou agir que ainda não existia ou que sequer fazia sentido, muitas vezes nem mesmo para eles, e provocam constantemente seus próprios entendimentos ao se cercarem de pessoas dispostas a discordar deles, talvez ao extremo. Olhar além das mensagens caóticas e confusas no mundo e enxergar oportunidades, presumir que algo de valor possa ser descoberto e desenvolvido – essas são habilidades que devem ser valorizadas. Davis fazia isso. Ellington também. Os líderes empresariais que desejam fugir da dependência excessiva do processamento automático e de rotinas conhecidas, bem como mudar hipóteses convencionais, devem fazer o mesmo.

Talvez seja isso o que W. L. Gore and Associates, fabricantes da Gore-Tex, tivessem em mente ao abandonar descrições formais de cargos ou estruturas de subordinação convencionais da cadeia de comando. Quando um funcionário recém-contratado com MBA chegou ao trabalho certo dia, Bill Gore, presidente e fundador, o aconselhou a "olhar ao redor e encontrar algo que gostaria de fazer". Um ambiente pouco estruturado dificulta a utilização de rotinas aceitas e força os recém-contratados a improvisar.

Ou veja a maneira como a British Airways estimulou seus gerentes a prestar atenção ao que seria uma reunião de rotina e imaginar possibilidades alternativas até então impensáveis. O evento era um workshop externo realizado para considerar maneiras de melhorar o serviço ao cliente para a classe executiva. No entanto, em vez fazer os participantes dormirem em quartos comuns de hotel, um executivo mandou retirar as camas e as substituiu por poltronas de avião. Isso, sem dúvida, perturbou seus hábitos naturais, para não falar nos padrões de sono. Mas, confrontados com a surpresa dessas inesperadas limitações, os participantes pensaram em uma série de inovações para aumentar o conforto dos viajantes, inclusive o projeto de uma poltrona mais confortável, com apoio para os pés. Em termos de jazz, esse arranjo irregular perturbaria as "frases conhecidas" e os arranjos conhecidos, encorajando os músicos a improvisar novas soluções.

Há também o executivo de P&D da Sony que queria criar um aparelho de mini-CD, mas foi confrontado por engenheiros que haviam ajudado a desenvolver a tecnologia original do CD e estavam convencidos de que não seria possível torná-lo ainda mais compacto. Para romper o bloqueio mental, o executivo entrou na reunião com um bloco de 12cm de madeira entalhada e disse aos engenheiros que o novo aparelho de CD não poderia ser maior que aquilo. Os engenheiros agora tinham novas restrições dentro das quais trabalhar, um enigma desafiador semelhante aos esboços modais que a banda de Davis encontrou quando entrou na gravação de "Kind of Blue".

Quem não arrisca não petisca

As barreiras da competência provocativa como habilidade de liderança são as mesmas ao crescimento pessoal. Ficamos muito presos às nossas visões de mundo. Não conseguimos nos desligar do sistema atual, da noção de que existe uma "resposta certa". Para crescermos como líderes catalisadores e como pessoas, precisamos estar sempre prontos para integrar o novo ao nosso próprio repertório. Assim como jazzistas que se aprimoram, deveríamos lançar constantemente sondagens experimentais para ver que tipo de respostas elas atraem.

Isso é basicamente o que o fundador do eBay, Pierre Omidyar, fez em 1995, quando utilizou seu site pessoal para lançar o site de leilões pela internet. Ele não tinha ideia de que itens venderia ou que tipo de resposta teria, mas logo descobriu que a ideia chamara atenção – que se desenvolveu e virou o eBay. Omidyar nunca poderia ter desenvolvido o eBay começando pela análise de mercado, estudando os padrões anteriores (porque não havia qualquer padrão anterior), prevendo tendências, criando esse produto e entrando no mercado com base nas previsões. Foi necessária uma atitude experimental, uma sondagem, para ver o que atrairia respostas. Assim como jazzistas, Omidyar precisou se lançar e agir sem garantia dos resultados.

Sem dúvida, os líderes correm o risco de parecerem idealistas, até mesmo tolos, quando se lançam, rompem com rotinas e criam objetivos maiores – ou seja, o tipo de salto que a competência provocativa exige. Os dados para sustentar essas jogadas incomuns não existem, assim como não existem indicadores de mercado que justifiquem mudanças na alocação e priorização de recursos. No entanto, sem esses saltos, as empresas e as pessoas permanecem presas ao *status quo*.

O Lexus LS 400, da Toyota, o primeiro sedã de luxo japonês, é um desses casos. Shoichiro Toyoda, filho do fundador da empresa, inicialmente preferiu se ater ao que a Toyota fazia de melhor – "tirar água de toalha seca" para produzir "automóveis baratos para o homem comum".[15] A revista *Fortune* afirmou que "extrair o Lexus da Toyota, cujo ponto forte é lançar automóveis de massa, é como conseguir um Bife Wellington no McDonald's".[16] Quando os consumidores americanos foram questionados se comprariam um carro de luxo japonês, muitos responderam que "não conseguiam nem mesmo entender o conceito de um carro de luxo japonês", conta um executivo da Toyota – "achavam que o termo era uma contradição".[17] Mas Eiji Toyoda, presidente da Toyota e também presidente do conselho da empresa na época, tinha uma visão do futuro e praticou a competência provocativa para desenvolver as habilidades dinâmicas que fariam sua empresa alcançar seu objetivo.

Para romper com a rotina e reunir uma equipe de pesos-pesados, Toyoda lançou um desafio intencionalmente provocativo: O Lexus "não deveria ser comparado ao 'melhor' automóvel do mundo, e sim às melhores peças individuais do mundo: a melhor transmissão, a melhor suspensão, o melhor sistema de áudio".[18]

Toyoda exigiu que o Lexus LS 400 fosse de 0 a 100km/h em 7,9 segundos (com um motor V8, 4L, 4 cames, 32 válvulas, motor com injeção de combustível com capacidade de 250 cavalos) e tivesse velocidade máxima de 240km/h (mais rápido que qualquer outro da concorrência); seria o único automóvel de luxo isento do imposto para carros com consumo excessivo, por ter um índice de eficiência de combustível de 38km a cada 4 litros. Para tal, o LS 400 teria de atingir um coeficiente de arrasto inferior a 0,29, enquanto o do automóvel de luxo é de 0,38 a 0,40, e o automóvel esportivo atinge 0,32. (Um Porsche, na época, tinha um coeficiente de cerca de 0,30.) *E* tudo isso tinha de ser feito mantendo o design, conforto, silêncio, qualidade, segurança e valor de revenda necessários para competir com a BMW e a Mercedes.

Assim como Miles Davis pediu a seus músicos para tocar uma canção inédita, em um tom que ninguém sequer ouvira, em um modo a ser inventado, Eiji Toyoda lançou um desafio aparentemente impossível, que exigiria desaprender radicalmente os hábitos, principalmente porque as respostas aprendidas não eram capazes de alcançar os objetivos definidos. Para vencer o desafio, os funcionários começaram a experimentar aos poucos: o LS 400 evoluiu a partir de cerca de 450 protótipos, comparados a 2 ou talvez 3 para o Toyota comum, e teve milhares de inovações.[19] Mas definir o que, a princípio, parecia uma medida irreal claramente valeu a pena. A "ruptura" de Toyoda gerou um automóvel que quebrou inúmeros recordes e foi o carro de luxo mais vendido nos Estados Unidos durante a maior parte da última década.

O mundo do transporte de duas rodas é um exemplo igualmente persuasivo da competência provocativa em ação. Em 1998, a Giant Manufacturing Company (fabricante das bicicletas Giant) havia se tornado a maior fabricante de bicicletas do mundo, produzindo 6,4 milhões de bicicletas no mundo todo. No começo de 2008, no entanto, o fato de que as consumidoras não estavam satisfeitas nem davam tanto lucro quanto os consumidores do sexo masculino se tornou dolorosamente evidente para Tony Lo, CEO da Giant. Em uma entrevista para meu colega e coautor de um livro anterior, Ethan Bernstein, Lo disse:

Quando minha esposa reclamava que o equipamento [da Giant] não atendia às suas necessidades, eu dizia: "Ok, mas será que você precisa mesmo disso?" e tentava mudar de assunto. Mas você sabe como são as esposas. Mesmo que eu continuasse dizendo isso, não era suficiente. Ela estava falando sério. Portanto, tentei encontrar produtos que atendessem às suas necessidades e descobri que era muito difícil! E tratava-se apenas de uma mulher – a esposa do CEO da maior empresa de bicicletas do mundo. Então, descobri que ela não era a única – ela, as amigas, as amigas das amigas... a bicicleta jamais se encaixava em nenhum estilo de vida. Certo dia, eu disse: "Chega! Vou fazer algo!"[20]

Assim, em meio ao sucesso contínuo e ao *boom* mundial das bicicletas, Lo tentou primeiro entender o problema e, em seguida, mudar completamente a abordagem da Giant ao mercado feminino.

A Giant havia gerado o nível de frustração que a esposa de Lo sentia. Desde o começo da década de 2000, a empresa vinha sistematicamente deixando as mulheres para trás, à medida que avançava no mercado de luxo em busca de lucros. Quando um cliente entrava na loja, os vendedores primeiro o classificavam como cliente de "estilo de vida", "performance" ou "esporte" e depois personalizavam a abordagem de venda de acordo com a classificação. A rotina tinha como objetivo migrar os clientes para algo mais luxuoso ao longo do tempo, de estilo de vida para performance e para esporte, com aumento significativo das margens ao longo do caminho – uma prática padrão no varejo.

No que dizia respeito a vendas e métricas de lucratividade, o plano funcionou maravilhosamente. A Giant conseguiu, com sucesso, conduzir os homens ao mercado de luxo. Contudo, não vinha tendo sucesso com as mulheres. Em 2006, muitos anos depois da implementação de rotinas de venda padronizadas, quase todas as clientes ainda eram classificadas como clientes "estilo de vida". As lojas de varejo da Giant não se importavam – o maior interesse era ir atrás de maior volume de clientes mais lucrativos, e, se esses clientes eram homens, que fosse. Lo visitou uma série de lojas e detectou repetidamente o mesmo padrão:

> *Ninguém realmente presta atenção [às mulheres], e, mesmo se quisessem prestar, não conseguiriam. Por exemplo, uma loja de bicicletas já está lotada... é muito difícil para eles separarem até mesmo um canto para transformar em uma área para mulheres. Portanto, o que fazem é usar os mesmos vendedores e tratar as vendas da mesma maneira – como vendem para todos os homens... Mesmo se você for a uma ótima loja de bicicletas nos Estados Unidos, tudo é voltado para homens. A linguagem é para homens. Até mesmo na vitrine, as mulheres sempre vêm em segundo lugar. Todos os modelos na vitrine são para homens.*[21]

Em uma demonstração pura de competência provocativa, Lo enxergou ali uma oportunidade estratégica. Depois de explorar o perímetro, o próximo passo foi mudar os hábitos. Em vez de ir ao canal estabelecido de varejo em busca de respostas, decidiu ir direto ao cliente: estava convencido de que a única maneira de criar um modelo de negócio bem-sucedido para mulheres era abrir uma loja exclusivamente para elas. Em suas palavras: "Como suas únicas clientes são mulheres, se você não souber vender para elas, estará fora do mercado – e ponto final. Logo, tem de experimentar para sobreviver."

As organizações varejistas mais experientes da Giant pensaram que Lo estivesse louco, da mesma maneira que os músicos de Miles Davis ficaram perplexos com suas atitudes provocativas. Por que uma empresa abriria uma loja exclusivamente dedicada às piores clientes (ou seja, as que geram menos lucro)? Em nossa entrevista com ele, Lo se lembrou de ouvir repetidamente: "Esse é um projeto muito caro! O mercado é pequeno! E não entendemos as mulheres." E Lo admitiu que, em todas as dimensões, eles estavam certos. Lo se recorda de que o diretor da Giant Taiwan lhe disse: "Se você me obrigar, faço, mas não é pelo negócio, então você não pode me pedir para ganhar dinheiro fazendo isso. Estamos fazendo isso só por você." Mas Lo insistiu que seria rentável, ao que um dos líderes do campo sarcasticamente respondeu: "Bom, se é assim, talvez a sede devesse fazê-lo!" Portanto, Lo, pelo bem de tudo o que estava por vir, fez exatamente isso.

Nesse processo, promoveu uma imagem positiva. Tornou-se um evangelizador da ideia, tão simples, afirmava, que era loucura ninguém ter tido sucesso nisso antes. Lo disse, em uma análise retrospectiva: "Quando encontrava céticos, dizia: 'E as lojas de roupas femininas, sapatos femininos, spas femininos, academias femininas?'" E quando os céticos respondiam que não havia fabricante de automóveis femininos, Lo apontava que mulheres e homens interagem com carros de maneiras bem semelhantes, mas de formas diferentes com bicicletas, como nos outros exemplos. Todo desafio era apenas uma oportunidade para aprender e aperfeiçoar o conceito, e garantiu que a oportunidade não era só dele. Em apenas um ano, a equipe de projetos especial, formada por designers de produtos, especialistas em marketing e em operações de serviço havia feito "muitas, muitas modificações" no modelo do negócio. A imagem positiva que Lo projetou deu confiança em relação à capacidade da Giant e de seus funcionários de serem bem-sucedidos.

A abordagem de Lo à equipe de projeto mostra as últimas duas questões da competência provocativa: criar situações que exijam ação, ao mesmo tempo que abrem e apoiam caminhos alternativos. Lo escolheu Bonnie Tu, vice-presidente executiva e CFO (Chief Financial Officer) da Giant, para liderar os esforços – alguém com superioridade, reputação e experiência financeira para angariar recursos – e, em seguida, "*deu-lhe liberdade para violar todas as regras*". Não por acaso, Tu era a mulher com mais tempo de casa na Giant.

Ao dar autonomia a Tu, Lo deu um passo adiante, algo que poucos CEOs fazem em circunstâncias semelhantes: deu a ela espaço para desenvolver toda e qualquer opção. "Não existem limitações", disse a ela. "É tudo criação sua; surpreenda-me. Se nossas clientes ficarem satisfeitas, ótimo." Em seguida Lo, que normalmente verificava seus projetos mais importantes diariamente, disse a Tu: "Vejo você daqui a seis meses!" Tu tinha carta branca para ser empreendedora. Quando ela decidiu substituir a instalação típica no meio da loja – uma exposição da melhor e mais atual bicicleta – por um sofá de couro confortável e cor de chocolate, Lo lhe lançou um sorriso de aprovação.

Mas o sorriso de Lo se alargou mais ainda quando a loja Liv/giant, a primeira loja só para mulheres da Giant, no centro de Taipei, começou a gerar lucros, apenas quatro meses após a inauguração. Mesmo depois de arcar com quase o dobro do custo de inauguração de uma típica loja Giant, foi um dos caminhos mais rápidos para a rentabilidade na história da Giant no varejo. Tudo na loja fora projetado para ser o mais modular possível, a fim de otimizar a capacidade da Giant de experimentar, aprender e inovar. Sua clientela exclusivamente feminina – 80% da qual se tornou cliente fiel – apreciava o esforço mais que qualquer um poderia ter previsto. A improvisação estimulada pela competência provocativa de um líder como Lo rendeu resultados substancialmente bons. Quando falamos com Lo pela última vez, seu maior problema era decidir onde abrir as próximas lojas exclusivamente para mulheres, enquanto ainda encontrava tempo para passear com a esposa, que já havia comprado três bicicletas – primeiro a "estilo de vida", depois a "performance" e agora a "esporte" – na principal loja Liv/giant, em Taipei.

Pulando o processo evolutivo

Será que algo como o Lexus 400 LS acabaria chegando à cena automotiva? Será que outro fabricante de bicicletas teria finalmente preenchido o vazio das clientes? E "Kind of Blue"? Sua singularidade nunca poderá ser recuperada, mas será que um álbum tão revolucionário teria sido gravado? A resposta em todos os três casos é, muito provavelmente, sim. As condições de mercado eram claramente perfeitas para um sedã japonês de luxo, top de linha (em todos os sentidos), e para uma experiência de compra de bicicletas e um ambiente mais específico para as mulheres. "Kind of Blue" quebrou o padrão, mas nas artes, o padrão é sempre destruído, de uma forma ou de outra, com variados graus de sucesso. Um milhão de "macacos de imitação" em um milhão de máquinas de escrever nunca escreveriam uma das peças de Shakespeare, mas podem muito bem produzir as primeiras linhas de suas próprias peças.

O que é singular com relação a cada um desses exemplos é que os responsáveis – Eiji Toyada, Tony Lo e Miles Davis (e, por extensão, Duke Ellington) – pularam o processo evolutivo, não esperaram um produto ou uma ideia se tornar inevitável. Todos enxergaram algo melhor no horizonte, romperam com as rotinas para permitir que as equipes alcançassem o objetivo. Afirmaram o melhor naqueles que trabalhavam para eles. Elevaram os padrões, demandaram atividade – sempre para alcançar objetivos que valessem a pena – e permitiram aqueles que provocavam usar a competência a ir além e proceder de forma incremental.

Em um sentido mais global, esses líderes também escolheram quais partes da organização cultivar e aperfeiçoar. Criaram designs organizacionais, estruturas, tarefas e uma cultura que incentivava a improvisação nos lugares certos. Além disso, tomaram o cuidado de preservar a memória organizacional – manter os hábitos fundamentais e reter práticas que não deveriam ser abandonadas. Na mudança, não é preciso explodir tudo; isso só gera caos e manchetes de jornal. A mudança que perdura envolve o desenvolvimento de estruturas organizacionais que sustentem os procedimentos bem-sucedidos existentes e, simultaneamente, incentivem a improvisação e a criatividade além das capacidades existentes.

Momentos de rotina nem sempre recompensam processos e pensamentos rotineiros, mas pelo menos não os punem tão severamente. O tempo em que vivemos agora – com mercados caóticos, preços flutuantes, reprodução quase instantânea e obsolescência absolutamente garantida – requer um modo diferente de liderança, que transcenda às práticas convencionais e os pressupostos tradicionais.

CAPÍTULO 8

A hora do "sim à desordem"

Levando adiante a improvisação estratégica

No fim de 2010, a IBM realizou um enorme estudo com base em entrevistas com mais de 1.400 CEOs, de 60 países e 33 setores. Em meio à pior crise econômica em várias gerações, a IBM pediu a esse pequeno exército de generais corporativos que falasse sobre os dilemas que enfrentavam na administração de suas empresas. Gostariam que seu pessoal de alto nível tivesse mais disciplina, rigor, controle das operações, compromisso com a integridade e a ética? Suas empresas estavam desperdiçando recursos? Eles precisavam entender melhor a globalização ou ter mais intimidade com o cliente? Todas essas questões foram levantadas, mas a única qualidade que esses CEOs valorizavam era a criatividade: mais de 60% avaliaram a criatividade como a característica de liderança mais importante.[1] Concordaram que inovação é a capacidade fundamental.

De um lado, isso não deveria ser surpresa. Organizações como Starbucks, Google, Facebook e Amazon demonstram que, mesmo diante de desafios sem precedentes, a inovação é o caminho para o sucesso. Entretanto, os mesmos CEOs que tanto valorizam a criatividade se esforçam ao máximo para criar a impressão de que não há improvisação nas organizações. Eles e os membros da alta gerência elaboram planos e organogramas, oferecem treinamento e executam sofisticadas simulações destinadas a prever o inesperado e minimizar ações idiossincráticas desnecessárias e desvios em relação aos caminhos rotineiros. E mais, as histórias pós-ação contadas pelos líderes tendem a apresentar respostas para o inesperado, como se tivessem sido mensuráveis, intencionais e racionais, quando a realidade é que os participantes envolvidos estavam experimentando o tempo todo.

Como espero que esse livro tenha mostrado, pessoas de carne e osso em organizações da vida real agem constantemente sem um planejamento claro, inventando razões à medida que avançam, descobrindo novos caminhos depois de iniciada a ação, propondo diversas interpretações, navegando pelas discrepâncias, associando materiais muito diferentes e incompletos e, só então, descobrindo qual era o propósito original. Não há dúvidas de que os gestores precisam improvisar. A boa notícia é que eles podem aprender a fazer isso de maneira ainda melhor.

Não defendo aqui que as organizações se livrem de rotinas e estruturas. Elas precisam de ambas. Estudos de equipes de projeto mostram que muitos dos problemas enfrentados pelos gerentes podem, de fato, ser confrontados com rotinas e estruturas pré-planejadas. O problema ocorre quando empresas se baseiam apenas em respostas estruturadas, especialmente em situações em que um tipo diferente de raciocínio se faz necessário. Essas situações ocorrem apenas esporadicamente nas organizações, mas sempre geram grandes consequências – quando 80% dos efeitos, como sustenta a Lei de Pareto, resultam de 20% das causas. São aquelas situações nas que você quer que a organização funcione menos como máquina bem programada e mais como a orquestra de Duke Ellington no Cotton Club ou como o quinteto Miles Davis na gravação de "Kind of Blue".

Eis a pergunta fundamental que os líderes deveriam fazer: Como você pode criar as condições necessárias para que equipes e organizações "cheguem ao groove" – uma sincronização dinâmica na qual os participantes estão afinados entre si, aprendem e executam simultaneamente? Organizações que entram nesse groove permitem que as pessoas alcancem o crescimento pessoal e aprendam com a prática; prestam atenção aos modelos mentais que permitem e aceleram o aprendizado, criando culturas que promovem a experimentação e elaborando estruturas que incentivam a sintonia com o desenrolar dos acontecimentos. E, então, implementam esses modelos metais em todos os níveis das organizações.

Kit de ferramentas do improvisador

A premissa clara desse livro é a de que cultivar a espontaneidade, criatividade, experimentação e sincronização dinâmica não é mais uma abordagem opcional à liderança. É a *única*. A velocidade atual das mudanças exige que se preste atenção aos modelos mentais, às crenças e valores culturais, às práticas e estruturas que favorecem a improvisação.

Seguem 11 práticas e estruturas que podem auxiliar sua organização a emular o que acontece quando bandas de jazz improvisam.

1. Aborde tarefas de liderança como experiências

Os gurus da Administração gostariam que acreditássemos que a essência da liderança pode ser captada em uma lista – as sete qualidades dos grandes líderes, os cinco passos para liderar a mudança e assim por diante. Mas liderança é algo muito mais complicado e imprevisível que isso. Mesmo quando os líderes encontram uma solução que gera os resultados desejados, a situação é apenas temporária. Devido ao ritmo e à profundidade da mudança, os líderes não têm outra escolha senão improvisar. Talvez a maior contribuição que o líder possa dar a qualquer organização hoje é desenvolver a capacidade de previsão e adaptação.

Como? Abordando tarefas como experiências. Quando ações de liderança são abordadas dessa forma, o indivíduo se torna excepcionalmente receptivo ao que acontece *e* ativa a autoconsciência no decorrer da ação. Por definição, a experimentação bem-sucedida requer que se deixe de lado a atitude defensiva. Prestando bastante atenção à própria experiência, você observará as limitações de suas tendenciosidades, assim como as nuances e estágios das reações dos outros.

Uma abordagem experimental favorece o teste e o aprendizado ao longo do caminho. Significa apresentar ideias e, em seguida, observar como os demais as aproveitam e criam a partir delas. Isso é liderança com mentalidade de descoberta, lançando hipóteses sobre o que pode ou não funcionar e mantendo a hipótese, e a si mesmo, receptivos para informações contraditórias e forças obstinadas. Podem-se realizar diversos experimentos simultaneamente, testar vários programas e abordagens para ver o que funciona e tirar lições para guiar as próximas ações.

Experimentação não é sinônimo de hesitação. Qualquer pessoa que exerça o papel de liderança precisa ter um ar de autoridade. Mas não há como saber tudo o que pode ou não acontecer, e é muito fácil ficar paralisado por análises. Às vezes, é necessário agir. Quando você começa a agir, surgem novas possibilidades. Os horizontes se expandem e surgem caminhos impossíveis de prever durante o planejamento anterior.

Pense na estratégia de Napoleão, por exemplo. Quando Napoleão marchou com seu exército desfalcado, faminto e doente para a Itália, as forças adversárias se dividiram para combatê-los. Os austríacos defenderam Milão; o exército italiano seguiu para defender Turim. Em vez de atacar uma das cidades principais, como mandava a estratégia convencional, Napoleão seguiu entre elas, e os italianos, confusos, enviaram tropas para encontrá-lo. Isso permitiu que Napoleão enfrentasse tropas menos numerosas e em cidades menores da região. As cidades em si não eram estrategicamente importantes. Ele lutava com as tropas onde as encontrava.

Os austríacos se concentraram mais ao redor de Milão, esperando que Napoleão atacasse a cidade, mas ele reagiu, evitando toda essa região. Temendo que ele pudesse ir em direção à sua pátria, os austríacos deixaram Milão para persegui-lo. Reconhecendo que os austríacos teriam de cruzar o Rio Adda, na cidade de Lodi, Napoleão montou sua artilharia e aguardou, sem saber ao certo o que o inimigo faria ou onde apareceria. E, quando os austríacos cruzaram a ponte, Napoleão investiu contra eles e, por fim, os derrotou. Essa foi uma estratégia completamente *ad hoc*. Como um grande jazzista, Napoleão agiu primeiro, viu o que surgiu e, *só então*, tomou medidas focadas.[2]

Em lugar de confiar plenamente em estratégias pré-planejadas e em descrições de cargos canonizados, os líderes precisam reconhecer a capacidade de bricolagem de suas equipes e seu raciocínio pragmático, bem como a própria habilidade de justaposição, recombinação e reinterpretação de materiais antigos na formulação de novas respostas. A aprendizagem organizacional, portanto, deve ser vista como uma arriscada aventura, que envolve explorar o desconhecido, sem garantia do rumo que as investigações vão tomar.

Perguntas que os líderes podem fazer:

Como incentivar as pessoas a enxergarem a liderança como uma série de experimentos de aprendizado?

Como dar segurança para que as pessoas assumam riscos calculados?

Você consegue pensar em alguma ocasião em que se surpreendeu arriscando e experimentando algo novo, mesmo quando não havia garantia de sucesso? Já compartilhou essas histórias com outras pessoas?

Em que situações incentivou as pessoas a explorar novas respostas?

Onde mais em sua organização é possível incentivar as pessoas a se arriscar e experimentar, realizar ajustes à medida que avançam, em vez de esperar um plano ou se ater a rotinas seguras?

2. Acelere o processamento de informações em meio à ação

Os jazzistas agem sem pensar no futuro, depois justificam suas ações fazendo declarações dentro de um contexto. Somente ao analisar o que eles criaram, por exemplo, é que solistas de jazz percebem como as notas, frases e acordes musicais estão relacionados. As organizações podem usar o mesmo tipo de revisão após a ação para ajudar a conscientizar as pessoas das metas, dos valores que carregam implicitamente e das limitações impostas por esses valores às ações futuras. Ao compartilhando as várias interpretações dos diversos participantes próximo às ações ajuda a todos os envolvidos a entenderem retrospectivamente ou construírem uma história ou justificativa para o que já fizeram. Essas histórias podem se tornar as sementes para maiores descobertas e invenções.

Para estimular o processamento de informações, as organizações poderiam considerar uma orientação estratégica que associe planejamento, ação, implantação e avaliação do meio. Pense em criar sessões virtuais de planejamento estratégico nas quais os participantes possam se engajar em uma mentalidade de tentativa e erro, exatamente como os jazzistas quando solam. Gerar alternativas diversas e simultâneas minimiza a crescente importância atribuída a única opção e permite que os participantes façam ajustes e reorientações de acordo com o feedback. Essa visão questiona a noção tradicional de planejamento estratégico como forma de controle racional ou exercício abstrato, antes ou depois da ação.

Nesse espírito, Peter Senge defendeu uma visão do planejamento como um jogo ou "campos de prática", em que os gerentes treinam o raciocínio antes, preveem e adivinham atitudes futuras, considerando várias limitações.[3] Ao elaborar cenários virtuais de planejamento, os gerentes poderiam experimentar mapas alternativos e alterar os pressupostos básicos ainda não contestados.[4] Arie de Geus relata a experiência de gerentes da Shell Oil, solicitados a reagir a vários (e às vezes contraditórios) pressupostos relacionados com as limitações ambientais, inclusive a noção de que o preço do petróleo poderia ser reduzido pela metade – algo que parecia inconcebível na ocasião (e ainda parece). Isso se tornou, nas palavras de Geus, uma "licença para jogar". Essas rupturas incrementais criaram um repertório mais amplo de cenários de ação, de modo que, quando ocorresse um evento inédito, os gerentes da Shell estivessem preparados para reagir.⁵

Nancy Katz observou que Don Shula, o treinador do Miami Dolphins, que está no Hall da Fama, seguiu uma prática comum na NFL (National Football Team – Liga de Futebol Americano) pedir que a equipe assistisse a uma partida gravada às segundas ou terças-feiras para uma exibição na noite de segunda-feira. Mas Shula levou o ritual alguns passos adiante. O Dolphins assistiria ao filme várias vezes durante a semana e, em grupos diferentes, incluindo combinações peculiares de jogadores que normalmente não trabalhavam juntos, mas que, exatamente por isso, podiam perceber nuances e sutilezas que teriam escapado à combinação anterior. Os grupamentos incomuns também proporcionaram aos jogadores a oportunidade de notarem as contribuições dos outros com distanciamento, impossível durante o calor da partida. Katz escreve: "Foi uma oportunidade para uma estrela ofensiva como Dan Marino perceber e comentar uma jogada de um jogador defensivo, raramente o centro das atenções."⁶

Há muito a se aprender com essas reuniões de *debriefing*, ao ouvir a narração das experiências dos outros, saber como se sentiram, o que perceberam e o que aprenderam. Analise com calma as estratégias; estude as rotinas que funcionaram e as que não funcionaram; examine quais comportamentos provocaram resultados desejáveis, como se sentiria ao assumir riscos e se os participantes se sentiram apoiados ou abandonados uns pelos outros. Os Fuzileiros Navais organizam sessões nas quais todos refletem sobre o que fizeram, o que funcionou ou não e o que devem fazer diferente da vez seguinte. Experimente fazer o mesmo na sua organização.

> Como criar espaços para as pessoas contarem histórias sobre o que estão fazendo em seu trabalho, uma chance de compartilharem experiências de aprendizado e insights?

> Como criar oportunidades para as pessoas cogitarem cenários variados e possibilidades futuras?

3. Prepare-se para uma descoberta acidental interessante ao quebrar a rotina intencionalmente

As rotinas nas organizações e nas bandas de jazz podem impedir acontecimentos e descobertas interessantes. Rotinas confiáveis são necessárias para se atingir eficiência e com algumas delas não se pode brincar. Mas em todas as organizações existem pelo menos algumas rotinas que se tornaram armadilhas de competência, nas quais as pessoas se mantêm fiéis a práticas específicas, mesmo quando não são mais úteis. Com muita frequência, os gerentes são treinados para eliminar variações e desvios a todo custo, afastando, assim, a criatividade.

Descobertas interessantes e ocasionais não surgem do nada. Espero ter mostrado que é preciso se preparar. As equipes de trabalho são especialmente vulneráveis a adotar um padrão de atividade sem prévia reflexão ou intenção. Mesmo uma simples pergunta de processo durante uma atividade em equipe pode servir para ocasionar rupturas suficientes nas rotinas que incentivem as pessoas a considerarem outras opções: "Acho que deveríamos conversar sobre o que estamos fazendo aqui. E se experimentássemos algo diferente?" Esse tipo de colocação é uma forma de romper com uma prática que pode ter se tornado habitual e comprometedora para o desempenho, sem que se tenha consciência disso.

Ouvir com generosidade pode ser um fator crucial para permitir que você escape da tentação de rotinas desgastadas e hábitos automatizados. Jay Parks, ator veterano de Nova York, falou sobre o desafio de tornar cada apresentação inovadora. Imagine repetir o mesmo texto todas as noites, oito vezes por semana, durante 50 semanas. Como inovar em cada apresentação? Parks deixou claro que o segredo é o que acontece *antes* de se apresentar – a maneira como se relaciona com os colegas de elenco. Para evitar entrar no modo piloto automático, é necessário estar aberto e receptivo aos que estão à sua volta. Tudo se resume ao ato de ouvir.

"A única forma de as mudanças e novidades na hora da apresentação acontecerem é ouvir a interpretação do texto com atenção, em vez de apenas esperar para dizer a próxima fala", disse Parks. "Se a pessoa escuta verdadeiramente, a leitura do texto é diferente a cada noite e, assim, a resposta será sempre diferente." Isso se aplica muito bem à vida de todos. Você pode escolher "romper com a rotina" ao prestar atenção (ouvir) o momento em questão e perceber que aquela "rotina" é uma escolha. Vou fazer sempre o mesmo, da mesma maneira chata, ou inovar?

Esse conjunto de habilidades é diferente do que normalmente se aprende nas escolas de Administração. Em geral, os programas de MBA e as organizações incentivam os líderes a articular uma visão inspiradora, a se comunicar com clareza e analisar com precisão tendências de mercado – sem sombra de dúvida, todas são habilidades importantes. Mas imagine se programas de MBA começassem a enfatizar o tipo de habilidade que os jazzistas e atores como Parks discutem. Qual seria o efeito para um programa de MBA que enfatizasse – ou uma organização que avaliasse seus líderes dessa forma – a habilidade da receptividade, a escuta com generosidade, aceitação, presença, abertura, consentimento e afirmação?

É preciso fazer aqui uma advertência: existe uma grande diferença entre quebrar a rotina intencionalmente e permitir que as rotinas entrem em decadência ou fiquem à deriva por falta de atenção. Um estudo realizado por Scott Snook sobre helicópteros Black Hawk do exército, atingidos pela força aérea dos F-15 sobre o Iraque em uma patrulha de rotina revelaram que as duas organizações tinham planos e procedimentos que foram gradualmente ignorados quando unidades diferentes começaram a modificar as rotinas e a pegar atalhos e desvios. Esses improvisos pontuais começaram a se afastar mais das condições necessárias para segurança, e as pessoas que originalmente implantaram e planejaram as rotinas perderam contato. Moral da história: grupos que criam improvisos pontuais precisam manter contato com os responsáveis pela elaboração de planos e procedimentos globais, para que o planejamento, a política e a implantação não se afastem demais.

Perguntas que os líderes podem fazer:

Onde você viu uma rotina ou hábito que sobreviveram à sua utilidade e bloquearam o fluxo de boas ideias ou boa execução?

Com que rotinas, em sua percepção, você precisa romper intencionalmente para que se abra à possibilidade de novos pensamentos e à busca de soluções inovadoras?

O que você pode fazer para ajudar os outros a desaprender as convicções e práticas tacitamente para que eles (e *você*) consigam ir além das limitações das formas aceitáveis de agir?

4. Expanda o vocabulário do *sim* para superar o glamour do *não*

Um dos maiores obstáculos à criatividade e ao improviso é a inércia e o desejo de que a situação fosse diferente. Pensar "Se pelo menos eu pudesse me livrar dessa equipe" ou "Por que fico preso a esse conjunto de ferramentas e a essas pessoas?" impede a improvisação. Faça o contrário, como os grandes jazzistas: parta do pressuposto de que você pode fazer a situação funcionar de *alguma forma*, de que existe uma oportunidade a ser aproveitada. Essa é uma mentalidade positiva – o pressuposto de que será encontrado um caminho positivo, de que há potencial a ser notado e procurado.

É muito comum, em culturas estabelecidas, que o ceticismo seja uma forma de se obter status, e respostas céticas a ideias parecem se justificar porque são mais "realistas". É muito mais fácil criticar que construir. A palavra "não" tem um glamour sedutor e rica nuance de significado. Dizer "não" a propostas parece menos arriscado que dizer "sim" ou oferecer apoio afirmativo. Se você afirma possibilidades para as quais o raciocínio pode estar incompleto ou obscuro, corre o risco de ser visto como irrealista ou, pior, sofrer do complexo de Poliana. Entretanto, comparar ceticismo com realismo inibe a imaginação. Muitas vezes, os executivos costumam mais criticar as ideias dos outros do que a criar as suas próprias ou a oferecer apoio às ideias de terceiros.

Precisamos de uma gramática expansiva correspondente do "sim", um repertório rico de atitudes ou respostas afirmativas que transmita a garantia tácita de que nos ajudaremos a refletir sobre ideias, de que nossas iniciativas não serão tão limitadas por estruturas desnecessárias e de que as possibilidades se desdobrem e vejam surgir um amplo horizonte potencial.

Dizer sim é uma maneira de seguir em frente; no entanto, pode ser arriscado do ponto de vista psicológico. Não há garantias de que você será capaz de prosseguir em segurança. Você pode estar ao lado de pessoas que não conhece bem ou que não têm as habilidades necessárias para oferecer a rede de segurança de que você precisa antes de se arriscar. E algumas pessoas podem estar passando por problemas emocionais ou psicológicos, tratando um assunto como uma espécie de jogo para "ver o que acontece". Todos esses fatores fazem da existência do viés a favor do sim uma questão delicada, mas pesquisas mostraram que as pessoas crescem quando positivamente incentivadas.

Em vez de se viciar em "nãos" fáceis, os executivos precisam ajudar os grupos a identificar, analisar e ampliar o desvio positivo. Comemore até os pequenos sucessos e vitórias iniciais. Os membros da equipe que experimentarem pelo menos a possibilidade de sucesso vão esperar mais uns dos outros. Além disso, a probabilidade de confiar nas habilidades dos colegas e na própria capacidade como um grupo será maior.

Em nível macro, você deve incentivar o florescimento de uma rica gramática do "sim" para conferir poder à imaginação. Para tanto, a capacidade de prever aonde uma ideia ou ação podem chegar e dar vida às ideias mesmo antes de darem frutos é fundamental. Seria bom ativar sua própria imaginação e legitimar as atividades criativas dos outros. Novas ideias são frágeis e carecem de provas concretas; por isso, as pessoas precisam ter capacidade de visualizar e fazer cenários ganharem vida para poder discernir com mais facilidade o que poderia funcionar. Se você desperta a imaginação nos outros e estimula possibilidades, é provável que crie uma cultura rica em improviso, em que as pessoas sejam naturalmente levadas ao autoconhecimento.

Perguntas que os líderes podem fazer:

Como você pode expandir o vocabulário do "sim" em sua organização? Como pode destacar o potencial positivo em ideias novas que ainda precisam ser concretizadas?

Em que circunstâncias você e outras pessoas encontraram obstáculos e os transformaram em oportunidade?

Quando você se engajou em uma investigação apreciativa?

Como fazer perguntas sobre o desvio positivo ou epifanias que levaram à ação inovadora?

Como você pode ajudar sua organização a criar um vocabulário do "sim", um repertório mais forte de positividade? Por exemplo, como buscar oportunidades de perguntar como seu grupo ou organização está funcionando quando as pessoas estão dando o melhor de si? Você pode incentivar as pessoas a conversarem sobre momentosrelevantes, de total comprometimento com o trabalho ou experiências destinadas a propósito grandiosos?

5. Tire proveito dos próprios erros

Para chegar ao sim à desordem, os líderes precisam criar uma cultura que não repreenda as pessoas que admitem seus erros e que valorize o fracasso como possível fonte de aprendizado. Isso não significa que todos os fracassos serão iguais e, em última análise, bons, mas você precisa conhecê-los e distinguir experiências que envolveram raciocínio de negligência. Os erros são uma oportunidade de analisar os pressupostos, as suposições subjacente à ação original; fracassos podem oferecer dados e insights indisponíveis por quaisquer outros meios. O desafio está em distinguir os erros que resultam do fracasso de esforços genuínos e calculados de fracassos que resultam de experimentos bem elaborados.

O primeiro passo importante é eliminar diferenças de status para que as pessoas se sintam seguras para experimentar. Os líderes precisam deixar ativamente que os demais os enxerguem como alunos e, portanto, devem estar entre os primeiros a admitir os próprios erros. Essa atitude indicará a todos que os erros são indispensáveis no processo criativo e criará uma estética de imperfeição e complacência que retratará os fracassos como fonte de aprendizado, o que pode abrir novas linhas de investigação.

Outra maneira por meio da qual os gerentes podem ajudar equipes e indivíduos a se beneficiar de seus fracassos é identificar dois tipos diferentes de aprendizado – sobre si próprios e sobre a situação –, ambos valiosos. Imagine que eu esteja trabalhando com um cliente e elaborando uma intervenção de mudança organizacional. Quando experimento algo e cometo um erro, aprendo mais sobre mim mesmo e sobre o que poderia ter feito de diferente, de que maneira minhas crenças e meus métodos atuais criaram um viés na forma como coletamos informações, como meus pressupostos estavam incorretos e como fui tendencioso ao favorecer uma estratégia em detrimento de outra. São informações de valor inestimável, mas também é importante ir além dessa lição e observar o que mais foi revelado sobre a situação em si. Nesse caso, também aprendi algo importante sobre o cliente – do que ele não gosta, a que cria resistência e a que nível. As duas formas de aprendizado com o erro são fundamentais para a elaboração de estratégias futuras de intervenção e devem ser embutidas na cultura da organização.

Perguntas que os líderes podem fazer:

Quando "faça o certo a todo custo" se tornou parte do aprendizado a partir do erro?

Como você pode manter a crença de que o sucesso *e* o fracasso geram informações úteis para o estímulo ao aprendizado?

Quando aprendeu com um fracasso mas, mesmo assim, não o divulgou?

O que você pode fazer para reduzir as diferenças de status, para que os demais se sintam seguros para admitir e aprender a partir dos erros?

Considerando que as consequências de uma ação costumam ser, por natureza, imprevisíveis, o que você pode fazer para criar uma estética de complacência na organização?

O que você está fazendo para tornar o ambiente seguro para os risco interpessoais?

Quando foi a última vez que você elogiou alguém que discordou de você, demonstrando aos outros que perspectivas alternativas são valiosas?

6. Dê a todos a chance de solar de vez em quando

Quando têm bom desempenho, equipes autodirigidas costumam ser caracterizadas pela liderança distribuída, diversa, na qual cada pessoa se reveza para comandar diversos projetos, à medida que sua expertise é necessária. O mesmo acontece em bandas de jazz, em que todos têm a chance de solar. Nos dois exemplos, porém, existe o problema da influência dos membros da equipe que podem controlar ou dominar um grupo.

Uma simples ferramenta de desenvolvimento organizacional chamada técnica de grupo nominal é estruturada de modo a evitar justamente essa questão: um indivíduo de cada vez revela em voz alta várias soluções criativas, enquanto os outros ouvem suas ideias. Ninguém está autorizado a interromper ou redirecionar; ao contrário, as pessoas são incentivadas a complementar as ideias que escutaram.[7] Uma variação dessa abordagem é pedir que ninguém fale duas vezes até que todas as pessoas do grupo tenham expressado sua opinião pelo menos uma vez. Trata-se de uma estrutura impessoal e inegociável, que monitora o tempo de cada um para falar, cultiva a criatividade do grupo e garante que todos os indivíduos expressem sua opinião. De vez em quando, deixe que as pessoas talentosas do seu time se sintam livres. A Google e a 3M entendem isso. As duas organizações têm sucesso nas inovações porque incentivam os funcionários a fazer voos solo, a separar 20% de seu tempo para se envolver em qualquer projeto que acreditem que vá ajudar a empresa e que pelo qual tenham paixão.

Deixar todos fazerem voos solo de vez em quando significa livrá-los dos estereótipos de identidade do grupo, lhes dando liberdade de expressão e garantindo que os demais os levem a sério. Esse pode ser um trabalho árduo para um gerente, mas quando você oferece a possibilidade de o inverso de toda proposição ser igualmente válido, também reestrutura sua convicção atual e mantém a humildade. Pense em algo sobre o qual você tenha uma posição muito firme, algo que, de alguma forma, seja controvertido ou quepossa gerar discordância, e inicie uma experiência em que você supõe que os pressupostos contrários são válidos. Que novas conotações são inimagináveis agora?

Perguntas para fazer a si mesmo:

O que você pode fazer para criar espaço para diferentes vozes e perspectivas dentro do sistema? Como garantir que seja seguro articular vários pontos de vista e que sejam vistos com seriedade pelos demais?

Quando foi a última vez que você viu pessoas se apoiarem, se ajudarem a pensar em voz alta, experimentar e assumir riscos com uma ideia não testada?

7. Celebre o acompanhamento para criar uma cultura de nobres seguidores

O que acontece quando você reconhece ativamente que precisa dos outros para concluir seu raciocínio? Não só você aprende a ser humilde como também enobrece a contribuição de terceiros.

Como mencionei antes, as organizações precisam ir além de meramente convidar novas vozes. Também precisam criar processos que interrompam a tendência a criticar, julgar e expressar o tipo de descrença capaz de matar uma ideia. Mas o que é o contrário de tudo isso? Que papéis e comportamentos podemos cultivar nas pessoas para que apoiem, sustentem um ponto de vista e se comprometam a se ajudar para se expressar mais? Aqui, novamente, o jazz serve de modelo: o acompanhamento.

As organizações podem atingir o acompanhamento ao apoiar comportamentos nos quais as pessoas atuem como mentores, defensores, incentivadores e ouvintes. Isso significa recompensar aqueles que apoiam as oportunidades para que outras pessoas fiquem no centro do palco, ajudando-as ao longo do caminho a fazer a transição e desenvolver ideias em diferentes níveis. Para chegar lá, líderes precisam expandir suas histórias sobre realizações criativas, além de realçar ações autônomas específicas, e incluir os papéis daqueles que ajudaram, que abriram espaço e que incentivaram movimentos novos com sutis empurrões, exatamente como um pianista de jazz faz ao acompanhar o solista.

Os jazzistas, no momento do acompanhamento, concordam em suspender o julgamento, em acreditar que aquele solo conduzirá a algo, em se misturar ao fluxo e seguir a direção da ideia, em vez de tomar um rumo independente. Essas estruturas democráticas aumentam a probabilidade de as pessoas terem não apenas o direito de serem ouvidas, mas também a oportunidade de exercerem influência.

Perguntas a serem feitas:

O que você pode fazer na organização para reconhecer esforços que ajudem os outros a ter sucesso?

Quando foi a última vez que você viu pessoas apoiarem umas as outras e se ajudarem a expressar seus pensamentos, experimentar ou correr riscos com uma ideia não testada?

Como recompensar as pessoas por ajudarem outras a ter sucesso em vez de premiá-las por suas conquistas individuais?

Quando foi a última vez que você reconheceu ativamente que utilizou a contribuição de terceiros para aprimorar ou completar um raciocínio?

8. Crie estruturas mínimas que maximizem a autonomia

Organizações compreensivelmente favorecem estruturas como informação de procedimentos, imposição de prazos finais e afins, porque aliviam a ansiedade de um gerente e satisfazem sua necessidade de saber que algo está sendo realizado. Entretanto, essas estruturas também podem sufocar desvios positivos e afastar a criatividade. O segredo está em encontrar o delicado equilíbrio entre as limitações e a oportunidade de variar de procedimentos-padrão operacionais.

Nessa mesma linha, sempre ouvimos falar sobre a importância de criar consenso nas organizações. É verdade, é importante que os grupos e organizações cheguem a um acordo geral – "todos no mesmo barco" e todos "lendo a mesma página". Aqui, mais uma vez, uma mentalidade de improvisação sugere que o excesso de consenso é tão perigoso quanto sua inexistência, porque afasta a variedade e diversidade de ideias. Em vez de se proteger da discordância e do debate, você deveria avaliá-los pelo potencial que apresentam. O segredo é haver consenso suficiente e em torno de algo realmente relevante, em vez de buscar clareza e concordância em todos os princípios. A ambiguidade pode ser produtiva.

Parte de se ocupar de estruturas mínimas envolve notar o ritmo do grupo, momentos de convergência e divergência ou, mais importante, quando eles são necessários. Pesquisas mostraram que quando enfrentam a aproximação de um prazo, as equipes têm um momento especial, um meio-termo natural do projeto do grupo, no qual se tornam peculiarmente abertos a aprender, revisar e renovar seu comprometimento.[8] O ponto central é uma maneira de o grupo encontrar um ritmo, pois os participantes param para notar como estão se saindo, o que está funcionando e o que precisam fazer para realizar a tarefa à medida que o prazo final se eaproxima.

O segredo está no equilíbrio. Se tentarem criar estruturas demais, que exijam que o grupo informe progresso em momentos aleatórios, é provável que os líderes encontrem resistência ou mera conformidade, em lugar de um momento genuíno de reestruturação e aprendizado. Isso poderia sugerir, ainda, que os gestores deveriam criar uma estrutura mínima que convide a um intervalo reflexivo no ponto médio de um projeto em grupo. Ou poderiam impor alguns prazos significativos como forma de criar outros pontos centrais e, assim, mais aprendizado significativo e mais reflexão ao longo do caminho.

Perguntas a serem feitas:

Existem marcadores para atualizar e gerar inspiração mútua a respeito de contribuições contínuas, insights, experimentos e resultados?

Quais são os valores e visões centrais mínimos inegociáveis, aos quais todos devem aderir para que todos sejam livres para se aprimorar, responder e inovar?

9. Incentive brincadeiras sérias. O excesso de controle inibe o fluxo

Como vimos, o jazz é uma atividade marcada por paradoxos: os músicos precisam equilibrar estrutura e liberdade, autonomia e interdependência, entrega e controle. Eles lutam contra as limitações de estruturas e padrões prévios. Esforçam-se para perceber e reagir ao que está acontecendo; ao mesmo tempo, tentam se libertar desses padrões e fazer algo novo, com todos os riscos que os dois caminhos implicam. Se os músicos se esforçam demais para alcançar o groove, o fluxo ou fazer jam sessions, vão acabar impedindo essas possibilidades.[9]

Teóricos organizacionais articularam um paradoxo semelhante. Robert Quinn argumenta: "Ao se comportar com propósito consciente, as pessoas tendem a agir sobre o ambiente, não com ele."[10]

Uma maneira de lidar com esse paradoxo é adotar a mesma concentração disciplinada que usamos quando participamos de um jogo. Há uma noção de entrega no jogo, uma vontade de abrir mão do controle e se entregar ao fluxo contínuo dos eventos. Organizações como a Southwest Airlines tentam incentivar o mesmo quando declaram que diversão no ambiente de trabalho é um valor central. Na realidade, questionam a separação convencional entre trabalho e diversão e reconhecem que brincadeiras legítimas podem ser uma atividade proveitosa e significativa, que aumenta a alegria da atividade relacional. Jogos e treinamentos são momentos em que temos liberdade de fazer experimentos e falhar. Essa é uma das razões pelas quais o lema da IDEO é "Fracasse sempre para ter sucesso mais rápido". Podemos mudar a frase para "Jogue sempre para ter melhor desempenho".[11]

Os gerentes podem até considerar chamar o jogo de "intervalo" – ou seja, criar um espaço protetor em torno das equipes e/ou dos indivíduos com bastante segurança, de forma que os participantes possam experimentar novas ideias. Quando as pessoas se esforçam para alcançar a perfeição, é mais difícil sentir a liberdade necessária para considerar vários pontos de informação e imaginar cenários diferentes. A ansiedade inevitavelmente aumenta; pesquisas demonstraram que altos níveis de ansiedade inibem o aprendizado. A hora da brincadeira, ao contrário, é um momento de aprendizado. Imagine o que poderia acontecer se um gerente tivesse organizasse mensal ou trimestralmente sessões nas quais alocasse espaço e tempo para experimentar procedimentos alternativos.

Como criar espaço e cultivar brincadeiras sérias na organização?

O que você pode fazer para diminuir a ansiedade e apoiar a colaboração e o aprendizado contínuos na organização?

10. Adote as jam sessions

Conversamos sobre ideias como se elas nos ocorressem em instantes, como flashes de um insight. Entretanto, como Steven Johnson ressaltou, as ideias surgem da interação em redes diversificadas e estimulantes, entre pessoas com formações variadas e diferentes especializações.[12] Ou, como Steve Jobs disse certa vez, a criatividade nasce de encontros espontâneos e discussões aleatórias: "Você topa com alguém, pergunta o que essa pessoa está fazendo, diz 'nossa!', e logo está tendo todo tipo de ideia."[13] Que modelo melhor para as jam sessions, cuja essência é conviver com outros, compartilhar histórias, lançar ideias sobre música e expor seus pensamentos em voz alta – às vezes, bem alta?

Boas ideias podem surgir de várias fontes diferentes, inclusive das que estão fora dos limites aceitos por uma organização. O modelo convencional que adotamos propõe que os fabricantes identifiquem as necessidades dos usuários, desenvolvam produtos e obtenham lucro, protegendo e vendendo as mercadorias que desenvolveram. Mas se incluirmos usuários e clientes em nossas jam sessions, o campo das ideias se expande quase exponencialmente. Os usuários, afinal, têm boas ideias. Em geral, sabem resolver suas necessidades e estão sempre dispostos intrinsecamente a compartilhar insights e inovações. Eric von Hippel encontrou vários exemplos de produtos desse *uber-jamming*, entre eles *mountain bikes*, Gatorade e novos equipamentos médicos para os que sofreram de lesões na coluna.[14] Em cada um desses exemplos, foram os usuários, não os fabricantes ou engenheiros de projeto, que sugeriram as inovações iniciais. As ideias podem vir de toda parte, mas não serão ouvidas se as organizações não criarem um espaço para as jam sessions que acolha e divulgue essas ideias.

A LEGO Mindstorms é um exemplo. A empresa originalmente uniu forças com a MIT Labsto para construir um robô programável para o mercado varejista, mas esse foi apenas o início do processo criativo. Logo depois do lançamento do produto, em 1998, *hackers* criaram vários softwares para programar os robôs. Em um período muito curto, mais usuários começaram a criar sensores e periféricos que podiam ser combinados e usados para ampliar os recursos do robô. Pronta para criar a nova geração – o Mindstorms NTX –, a LEGO pediu diretamente aos usuários e clientes que os ajudassem a projetar o novo produto.

Com o passar do tempo, essa forte comunidade de prática cresceu e passou a incluir profissionais e amadores, que compartilham inovações de *design*, programação e software. A comunidade criou um site em que a própria LEGO incentiva as pessoas a compartilhar seus códigos pessoais e fazer o download desses dados para os demais. O processo vem sendo tão bem-sucedido que a empresa agora tem um wiki para oferecer suporte ao envolvimento do usuário. Na verdade, o próprio Duke Ellington não poderia ter criado uma jam session melhor.[15]

Perguntas a serem feitas:

Onde, em sua organização, estão os intervalos e locais descontraídos que permitem "acidentes interessantes", trocas ocasionais, conversas produtivas e perguntas curiosas?

Você deveria estar patrocinando fóruns nos quais as pessoas debatessem ideias livremente, analisassem sugestões e discutissem resultados de suas experiências?

O que mais você poderia fazer para estimular o aprendizado informal interno, a partir de atividades de terceiros?

11. Cultive a competência provocativa: crie promessas expansivas como ocasiões para avançar em território desconhecido

Os modelos mentais que venho descrevendo uniformizam o status dentro das organizações, mas nem por isso diminuem o papel da liderança. Na verdade, a necessidade da liderança na era do capitalismo distribuído nunca foi maior. Em lugar de *impor* competência – praticamente uma impossibilidade – os líderes a *provocam* e criam condições que cultivam improvisações estratégicas e aprendizado contínuo e, assim, ajudam as organizações a se livrar de armadilhas de competência. Grandes líderes, como Miles Davis, são capazes de enxergar o potencial das pessoas, romper antigos hábitos e demandar que prestem atenção em novas maneiras de execução.

Surge um obstáculo comum ao aprendizado nas organizações quando os gerentes escolhem abordar apenas os problemas familiares e aqueles para os quais conseguem imaginar uma solução viável.[16] Miles Davis fez exatamente o contrário: surpreendeu a banda ao forçar os músicos além da zona de conforto, exigindo que tocassem músicas não ensaiadas e outras conhecidas, mas em tons diferentes, o que os forçou a experimentar. Isso é competência provocativa em ação.

Uma maneira pela qual os líderes podem incentivar a competência provocativa é evocando um conjunto de valores e ideais mais nobres, que inspirem o engajamento apaixonado. Organizações visionárias fazem promessas que desafiam limites da sensatez e, assim, forçam os funcionários a redefinir as fronteiras do que eram consideradas limitações.

Competência provocativa é muito mais que ruptura; envolve calibrar o tamanho do desafio lançado. Uma provocação exagerada ameaça sua própria eficácia e prejudica o desempenho. É preciso também estar presente após a ruptura para apoiar os inevitáveis começos e pausas. Os líderes sabem que é importante não apertar muito o cerco nem exagerar na provocação.

A competência provocativa se beneficia também de uma memória seletiva, que permite focar as pessoas quando dão o melhor de si. Dessa maneira, você vai se sentir mais à vontade ao ocasionar rupturas nas rotinas dos subordinados, sabendo que seu potencial acabará se concretizando, apesar do caos temporário. À despeito do resultado imediato, entretanto, no longo prazo, o benefício compensa o risco. A competência provocativa nada faz além de despertar mentes para a vida.

Perguntas a serem feitas:

Quando foi a última vez que você observou os limites do nível de conforto das pessoas e as incentivou a ir além do conhecido?

Será que as pessoas em nossa organização estão se atendo demasiadamente à segurança, repetindo apenas o que funcionou no passado?

Quando foi a última vez que você observou alguém expandir a competência ao ir além da zona de conforto?

Você intencionalmente prestou atenção em quem são as pessoas quando dão o melhor de si, ainda que elas mesmas possam ter se esquecido disso?

Você consegue se lembrar de quem são essas pessoas quando estão dando o seu melhor, mesmo que nem sempre tenham o mesmo nível de desempenho?

Consegue imaginar uma ruptura incremental que possa mexer com os hábitos das pessoas e que exija que reajam de novas formas?

Sim, trata-se de um tipo de liderança em que basicamente não há hierarquia, mas trata-se também do melhor tipo de liderança e da mais criativa.

A organização que improvisa

Como seria uma organização que valorizasse esses pontos e procurasse aprender com bandas de jazz? Os gerentes, para começo de conversa, teriam grande respeito pelas estratégias emergentes e teriam o cuidado de não separar aqueles que estão formulando a estratégia dos responsáveis por sua implementação, porque a ação cria o feedback que fundamenta o próximo passo. Para isso, a alta gerência estaria com a mão na massa, aprendendo sobre as mudanças no ambiente e obtendo regularmente experiência prática e concreta.

A organização que improvisa criaria estruturas fluidas que se formam, se dissolvem e voltam a se formar à medida que surgem novas situações e novos desafios. Grupos de projeto não seriam formados como resultado de sessões de planejamento abstratas *a priori*, mas sim à medida que as situações exigissem. Grupos seriam formados e dissolvidos, reunidos para abordar determinados assuntos e servir a funções específicas e, em seguida, seriam dissolvidos.

A estratégia seria criada de forma retrospectiva, à medida que as pessoas experimentassem algo, formassem grupos para discutir a questão e, em seguida, articulassem qual seria a estratégia. Pessoas de diferentes áreas funcionais conversariam regularmente, compartilhariam insights e expertise de acordo com o que a situação exigisse. Expressões de espanto seriam comuns quando surgissem insights de lugares improváveis em momentos imprevisíveis e à medida que os empregados chegassem a novos acordos por meio de processos colaborativos.

As organizações criariam diretrizes mínimas, permitindo que os empregados se orientassem para situações concretas e seguissem seus palpites, dando as contribuições necessárias. A energia oscilaria, à medida que indivíduos e grupos seguissem suas paixões ou reagissem a um desafio adaptativo. Haveria uma noção de descoberta comum à medida que as pessoas deparassem com situações de difícil solução, explorassem ideias e considerassem opções, descobrissem novas possibilidades apenas depois de ações experimentais já terem sido iniciadas. Mandatos de cima para baixo seriam recebidos com desconfiança, ou até mesmo ignorados, por medo de que pudessem atrapalhar as negociações de baixo para cima e os processos de análise.

Em vez de ficarem isolados em seus silos, os funcionários trabalhariam em vários projetos ao mesmo tempo e pertenceriam a diversas equipes. Conversas e interações entre os silos criariam um modo de diálogo fundamentado na curiosidade. Perguntas surgiriam: De onde veio isso? Como você descobriu aquilo? Por que sou o único que não sabia disso? Por que não percebemos isso antes? Por quê? Não porque todos quisessem bancar os especialistas, mas porque os empregados nunca estariam muito satisfeitos com o que sabem, nunca completamente confiantes de que estariam preparados para o que acontecesse a seguir.

Já que que significados e cenários seriam fluidos, as pessoas utilizariam menos a clareza cognitiva e ficariam mais à vontade com a incerteza e a ambiguidade. Seria mais fácil admitir o que você não sabe e se sentir livre para buscar a ajuda dos outros para obter informações; seria mais fácil também assumir qualquer papel solicitado quando surgisse a necessidade. Uma cadeia hoteleira que quisesse enfatizar o serviço quatro estrelas, em que todos os empregados seriam responsáveis por deleitar o cliente, se livrou de todos os títulos dos cargos. Todos os funcionários passaram a ser, a partir de então, "associados", e era igualmente esperado de todos que respondessem aos pedidos independentemente de fazerem parte das exigências de departamentos específicos.

Assim seria uma organização que improvisa. As transgressões seriam perdoadas; ocasionalmente, até mesmo incentivadas, para que as pessoas se dispusessem a assumir responsabilidades adicionais. Na Roadway Trucking, onde os empregados da linha de frente participam ativamente do planejamento estratégico, os motoristas de caminhão não esperaram ter aprovação para usar o celular para comunicar informações importantes sobre as remessas de carga e horários de entrega. Ao contrário, tomaram a iniciativa de comprar os celulares e começaram a usá-los para demonstrar que esse importante recurso deveria ser financiado pelo departamento.

"Todos fazem de tudo" – esse é um bom lema para bandas de jazz e para organizações que querem aprender a improvisar.

Não quero idealizar demais as bandas de jazz ou o jazz em si. Na realidade, nem todos os músicos são igualmente competentes. Não há quantidade suficiente de escuta, apoio ou acompanhamento que possa melhorar o desempenho se o músico não estiver apto para a tarefa. Artistas menos competentes podem ter um efeito debilitante no desempenho do grupo em geral. O mesmo se aplica aos negócios. Embora a tolerância ao erro seja essencial para melhorar a experimentação, há casos em que os erros são inaceitáveis – em organizações de alta confiabilidade, por exemplo.

Assim, espero ter mostrado neste livro que a improvisação no jazz é um modelo notavelmente útil para entender e aperfeiçoar organizações interessadas em aprender e inovar. Para serem inovadores, os gerentes – como os jazzistas – precisam interpretar sinais vagos, enfrentar tarefas não estruturadas, processar conhecimentos incompletos *e* agir, de qualquer forma. Tanto os gerentes quanto os jazzistas precisam se envolver no diálogo, na negociação e na criação de espaços compartilhados para a tomada de decisões com base em expertise, não na posição hierárquica. As apresentações de jazz não são aleatórias nem acidentais. Os músicos se preparam para serem espontâneos. Gerentes e executivos podem fazer o mesmo, para que as organizações possam aprender e agir simultaneamente.

Por fim, a improvisação no jazz deve ser vista como atividade promissora e que confere poder. Molda atores individuais como agentes facilmente adaptáveis, capazes de mudar o formato e o fluxo dos eventos. Nesse sentido, o jazz sustenta uma visão apreciativa do potencial humano: representa a convicção na capacidade humana de pensar com originalidade, gerar soluções modernas e criar algo novo e interessante, talvez até transformador.[17] Todos os líderes e organizações deveriam aspirar a essa visão.

Notas

PREFÁCIO

1. F. J. Barrett, "Creativity and Improvisation in Jazz and Organizations: Implications for Organizational Learning", *Organization Science* 9 (1998): 605–622. Esse foi o artigo que serviu de inspiração e modelo para este livro.

CAPÍTULO 1

1. P. Drucker, *The New Realities* (Nova York: Harper and Row, 1989).
2. K. Weick, "Improvisation as a Mindset for Organizational Analysis", *Organization Science* 9, n. 5 (1998): 543–555.
3. Citado em P. Berliner, *Thinking in Jazz* (Chicago: University of Chicago Press, 1994), 102.
4. M. Gridley, *Jazz Styles* (Englewood Cliffs, NJ: Prentice-Hall, 1991), 302, 303.
5. D. Bailey, *Improvisation* (Nova York: Da Capo Press, 1992), 57.
6. *Vide* http://www.youtube.com/watch?v=cCvLTlQWT6A&NR=1.
7. T. Gioia, *The Imperfect Art* (Nova York: Oxford University Press, 1988).
8. *Vide* http://www.nytimes.com/2010/12/05/business/05ge.html?pagewanted=all.
9. D. Carr, *Keith Jarrett* (Nova York: Da Capo Press, 1991).
10. Bailey, *Improvisation*, 51.
11. A. Hamilton e L. Konitz, *Conversations on the Improviser's Art* (Ann Arbor: University of Michigan Press, 2007), 103.

12. R. S. Tedlow, *Andy Grove: The Life and Times of an American* (Nova York: Portfolio, 2006); e A. Grove, *Only the Paranoid Survive* (Nova York: Crown Business, 1996), 89.

13. A. Grove, *Only the Paranoid Survive*.

14. *Vide* http://www.newyorker.com/archive/2005/01/17/050117fa_fact.

CAPÍTULO 2

1. J. M. O'Brien, "Amazon's Next Revolution", *Fortune*, 26 de maio de 2009.

2. T. Gioia, *The Imperfect Art* (Nova York: Oxford University Press, 1988).

3. Para ver um exemplo intrigante de uma organização que se desenvolveu por meio da bricolagem, consulte Tom Szaky, *Revolution in a Bottle: How TerraCycle is Redefining Green Business* (Nova York: Portfolio, 2009). O livro narra como Szaky fundou uma empresa que recicla lixo e o transforma em húmus de minhoca, liquidifica e embala em garrafas de refrigerantes usadas. É uma história inspiradora de aprendizado por meio de uma interessante e ocasional descoberta, que aproveitou o material à mão para desenvolver um inovador modelo de econegócio.

4. Para ver uma excelente descrição da arte de improvisar na comédia, junto com aplicações ao mundo dos negócios, consulte P. Meyer, *From Workplace to Playspace: Innovating, Learning and Changing Through Dynamic Engagement* (San Francisco: Jossey-Bass, 2010).

5. J. Orr, "Sharing Knowledge, Celebrating Identity: War Stories and Community Memory in a Service Culture", in: *Collective Remembering: Memory in Society*, D. S. Middleton e D. Edwards (orgs.) (Beverly Hills: Sage, 1990).

6. *Ibid.*

7. W. Marsalis, *Sweet Swing Blues on the Road: A Year with Wynton Marsalis and His Septet* (Nova York: W. W. Norton & Co., 1995).

8. P. Berliner, *Thinking in Jazz* (Chicago: University of Chicago Press, 1994).

9. *Ibid.*, 362.

10. *Ibid.*, 382.

11. *Ibid.*, 390.

12. *Ibid.*, 392.

13. W. Wallace, *Michelangelo: The Complete Sculpture, Painting, Architecture* (Nova York: Beaux Arts Editions, 1998).

14. P. Johnson, *The Renaissance: A Short History* (Nova York: Modern Library, 2000).

15. *Vide* F. Barrett, "Creating Appreciable Learning Cultures", *Organization Dynamics* 24 (1995): 36–49.

16. D. S. Kirschenbaum, "Self-regulation and Sport Psychology: Nurturing an Emerging Symbiosis", *Journal of Sport Psychology* 6 (1984): 159–183.

17. L. Behncke, "Mental Training for Sports: A Brief Review", *Athletic Insight: the Online Journal of Sport Psychology* 6 (março de 2004).

18. D. Dorsey, "Positive Deviant", *Fast Company*, 30 de novembro de 2000, http://www.fastcompany.com/magazine/41/sternin.html.

CAPÍTULO 3

1. A. M. Taylor, "Fixing up Ford", *Fortune*, 12 de maio de 2009, http://money.cnn.com/2009/05/11/news/companies/mulally_ford.fortune/index.htm.

2. P. Berliner, *Thinking in Jazz* (Chicago: University of Chicago Press, 1994), 383.

3. Ted Gioia, *The Imperfect Art* (Nova York: Oxford University Press, 1988).

4. Steven Johnson, *De onde vêm as boas ideias* (Rio de Janeiro: Zahar, 2011).

5. *Ibid.*, 131–134 (*italics* in original).

6. *Ibid.*

7. *Vide* http://www.facebook.com/note.php?note_id=17873646561.

8. *Vide* http://ecorner.stanford.edu/authorMaterialInfo.html?mid=1528.

9. *Vide* http://www.leader-values.com/Content/detail.asp?ContentDetailID=139.

10. E. Hutchins, *Cognition in the Wild* (Cambridge: MIT Press, 1995).

11. A. Tucker e A. Edmondson, "Why Hospitals Don't Learn from Failures", *California Management Review*, 1º de janeiro de 2003; A. Edmondson, "Strategies for Learning from Failure", *Harvard Business Review* 89, n. 4, abril de 2012: 48–55.

12. A. Edmondson, *Teaming: How Organizations Learn, Innovate, and Compete in the Knowledge Economy* (San Francisco: Jossey-Bass, 2011), 115–117.

13. M. Gladwell, *Fora de série – Outliers* (Rio de Janeiro: Sextante, 2008).

14. A. Edmondson, R. Bohmer, e G. Pisano, "Speeding Up Team Learning", *Harvard Business Review*, outubro de 2001.

15. *Ibid.*

16. *Ibid.*

17. M. Bazerman e M. Watkins, *Predictable Surprises* (Boston: Harvard Business School Press, 2004); S. Sitkin, "Learning Through Failure: The Strategy of Small Losses", *Research in Organizational Behavior* 14 (1992): 231–266.

18. R. Ulmer, T. Sellnow e M. Seeger, *Effective Crisis Communication* (Thousand Oaks: Sage, 2002), 141.

19. Berliner, *Thinking in Jazz*, 41.

20. W. Kahn, "Psychological Conditions of Personal Engagement and Disengagement at Work", *Academy of Management Journal* 33 (1990): 692–724, citação, 694.

21. K. Peplowski, "The Process of Improvisation", *Organization Studies* 9 (1998): 560-562, citação, 561.

22. S. Kierkegaard, *The Present Age* (Nova York: Harper and Row, 1962) [grifo nosso].

23. L. Fleming, "Finding the Organizational Sources of Technological Breakthroughs: The Story of Hewlett-Packard's Thermal Ink-Jet", *Industrial and Corporate Change* 11 (2002): 1059-1084.

24. *Ibid.*
25. *Ibid.*
26. *Ibid.*
27. *Ibid.*
28. *Ibid.*
29. *Ibid.*

CAPÍTULO 4

1. Em seu best-seller, *Good to Great: empresas feitas para vencer* (Rio de Janeiro: Campus/Elsevier, 2001), Jim Collins afirma que um dos fatores que mais distinguem as grandes empresas é a presença de um líder transformacional.

2. D. W. Winnicott, *Playing and Reality* (Londres: Tavistock, 1971).

3. P. Berliner, *Thinking in Jazz* (Chicago: University of Chicago Press, 1994).

4. M. Wheatley, *Leadership and the New Science* (San Franciso: Berrett-Koehler, 2006); e R. Stacey, *Complexity and Creativity in Organizations* (San Francisco: Berrett-Koehler, 1996).

5. I. Monson, *Saying Something: Jazz Improvisation and Interaction* (Chicago: University of Chicago Press, 1996), 30.

6. *Ibid.*, 29.

7. K. Hawley e N. Means, *Permanent Emergency* (Nova York: Palgrave Macmillan, 2012), 87.

8. *Ibid.*

9. K. Weick, "Managing as Improvisation: Lessons from the World of Jazz", Aubrey Fisher Memorial Lectures, University of Utah, 18 de outubro de 1990.

10. Dov Frohman e Robert Howard, *Leadership the Hard Way: Why Leadership Can't Be Taught and How You Can Learn It Anyway* (San Francisco: Jossey-Bass, 2008), 7.

11. E. Bernstein e F. J. Barrett, "Strategic Change and the Jazz Mindset: Exploring Practices That Enhance Dynamic Capabilities for Organizational Improvisation", *Research in Organizational Change and Development* 19 (2011): 76.

12. S. Spear e H. K. Bowen, "Decoding the DNA of the Toyota Production System", *Harvard Business Review* 77, n. 5 (1999): 96–106.

13. Bernstein e Barrett, "Strategic Change and the Jazz Mindset", 55–90.

14. W. Langewiesche, *American Ground: Unbuilding the World Trade Center* (Nova York: North Point Press, 2002), 19.

15. *Ibid.*, 19.

16. *Ibid.*, 147.

17. *Ibid.*, 12.

18. *Ibid.*, 84.

19. *Ibid.*, 89.

20. *Ibid.*, 112.

21. *Ibid.*, 113.

22. *Ibid.*, 94.

23. *Ibid.*, 118.

24. *Ibid.*

CAPÍTULO 5

1. P. Berliner, *Thinking in Jazz* (Chicago: University of Chicago Press, 1994).

2. *Ibid.*, 39.

3. J. V. Wertsch, *Vygotsky and the Social Formation of Mind* (Cambridge: Harvard University Press, 1985).

4. L. Vygotsky, *Thought and Language* (Cambridge: MIT Press, 1986).

5. *Vide* http://en.wikipedia.org/wiki/Human_capital.

6. Conversa com o autor.

7. J. Orr, "Sharing Knowledge, Celebrating Identity: War Stories and Community Memory in a Service Culture", in: *Collective Remembering: Memory in Society*, D. S. Middleton e D. Edwards (orgs.) (Beverly Hills, CA: Sage, 1990).

8. *Ibid.*, 42.

9. J. S. Brown e P. Duguid, "Organizational Learning and Communities of Practice: Toward a Unified View of Working, Learning, and Innovation", *Organization Science* 2 (1991): 40–57.

10. J. Lave e E. Wenger, *Situated Learning: Legitimate Peripheral Participation* (Cambridge: Cambridge University Press, 1991).

11. *Ibid.*

12. D. Thomas e J. S. Brown, "A New Culture of Learning: Cultivating the Imagination for a World of Constant Change", CreateSpace, 2011, 76–77.

13. *Ibid.*

14. A. Hargadon, *How Breakthroughs Happen* (Boston: Harvard Business School Press, 2003). Aqui, ele cita a seção de obituário do *The New York Times* de 18 de outubro de 1931.
15. *Ibid.*
16. W. Isaacson, *Steve Jobs* (Nova York: Simon and Schuster, 2011), 430.
17. *Ibid.*, 431.
18. *Ibid.*
19. C. Sunstein, *A era do radicalismo* (Rio de Janeiro: Campus/Elsevier, 2009).
20. D. Ucbasaran, A. Lockett e M. Humphreys, "Leading Entrpreneurial Teams: Insights from Jazz", working paper.
21. *Ibid.*
22. K. Lakhani e J. Panetta, "The Principles of Distributed Innovation", *Innovations: Technology, Governance, Globalization* 2, n. 3 (2007).
23. *Ibid.*, 99.
24. *Ibid.*
25. *Vide* http://www.military.com/features/0,15240,218302,00.html.

CAPÍTULO 6

1. S. Stephenson, "Jazzed about Roy Haynes", *Smithsonian* 34 (2003): 107–114.
2. B. Evans, "Improvisation in Jazz", notas do CD, "Kind of Blue", Miles Davis, Columbia/Legacy, 1997.
3. P. Berliner, *Thinking in Jazz* (Chicago: University of Chicago Press, 1994), 316.
4. *Ibid.*
5. A. Woolley, C. Habirs, A. Pentland, N. Hashmi e T. Malone, "Evidence for a Collective Intelligence Factor in the Performance of Human Groups." *Science* 330 (outubro de 2010): 688.
6. J. R. Hackman, *Collaborative Intelligence: Using Teams to Solve Hard Problems* (San Francisco: Berrett-Koehler, 2011), 165. *Vide* também M. Higgins, L. Young, J. Weiner e S. Wlodarczyk, "Leading Teams of Leaders", *Phi Delta Kappan* 91, n. 4 (2009): 41–45.
7. C. Argyris, *Overcoming Organizational Defenses* (Needham: Allyn-Bacon, 1990).
8. R. M. Kanter, *SuperCorp: How Vanguard Companies Create Innovation, Profits, Growth, and Social Good* (Nova York: Crown Group, 2009).
9. *Vide* https://www.collaborationjam.com/.
10. *Ibid.*

11. Woolley *et al.*, "Evidence for a Collective Intelligence Factor in the Performance of Human Groups".

12. D. W. Winnicott, *Collected Papers: Through Paediatrics to Psychoanalysis* (Londres: Tavistock, 1965).

13. R. Kegan e L. Lahey, *How the Way We Talk Can Change the Way We Work: Seven Languages for Transformation* (Nova York: Jossey Bass, 2001), 52.

14. F. J. Barrett e D. Cooperrider, "Generative Metaphor Intervention: A New Approach to Inter-group Conflict", *Journal of Applied Behavioral Science* 26 (1990): 223-244.

15. *Vide* http://www.charlierose.com/shows/2007/08/27/2/a-conversation-withbasketball-professional-steve-nash.

CAPÍTULO 7

1. *Vide* M. Tucker, *The Duke Ellington Reader* (Nova York: Oxford University Press, 1993). *Vide* também D. Ucbasaran, A. Lockett e M. Humphreys, "Leading Entrepreneurial Teams: Insights from Jazz", working paper.

2. M. Gridley, *Jazz Styles* (Englewood Cliffs: Prentice-Hall, 1991), 109-110.

3. B. Crow, *Jazz Anecdotes* (Nova York: Oxford University Press), 281-282.

4. K. Weick, K. Sutcliffe e D. Obstfeld, "Organizing and the Process of Sensemaking", *Organization Science* 16 (2005): 409-421.

5. D. Boland e F. Collopy, *Managing as Designing* (Chicago: Stanford University Press, 2004).

6. B. Hedberg, P. Nystrom e W. Starbuck, "Camping on Seesaws: Prescriptions for a Self-Designing Organization", *Administrative Science Quarterly* 21 (março de 1976): 41- 65.

7. Crow, *Jazz Anecdotes*.

8. *Ibid.*, 281.

9. D. Bailey, *Improvisation* (Nova York: Da Capo Press, 1992).

10. B. Evans, *The Universal Mind of Bill Evans*, vídeo (Nova York: Rhapsody Films, 1991).

11. B. Palmer, "The Inner Octaves of Keith Jarrett", *Down Beat*, outubro de 1974.

12. J. Novello, *Contemporary Keyboardist* (Toluea: Source Productions, 1987).

13. D. Carr, *Keith Jarrett* (Nova York: Da Capo Press, 1991).

14. F. Kaplan, *1959: The Year Everything Changed* (Hoboken: Wiley and Sons, 2009).

15. C. Dawson, *Lexus: The Relentless Pursuit: How Toyota Motor Went From "0-60" in the Global Luxury Car Market* (Hoboken: Wiley, 2004).

16. A. Taylor III e W. E. Sheeline, "Here Come Japan's New Luxury Cars: First Out of the Gate, Toyota's Lexus Is as Good as, or Better Than, More Expensive German Makes. But Will American Buyers Forgo Teutonic Mystique?" *Fortune*, 14 de agosto de 1989.

17. Dawson, *Lexus: The Relentless Pursuit*, 40.

18. *Ibid.*, xix.

19. *Ibid.*

20. E. Bernstein e F. J. Barrett, "Strategic Change and the Jazz Mindset: Exploring Practices That Enhance Dynamic Capabilities for Organizational Improvisation", *Research in Organizational Change and Development* 19 (2011): 55–90.

21. *Ibid.*

CAPÍTULO 8

1. A. Carr, "The Most Important Leadership Quality for CEO's Creativity", *Fast Company*, 18 de maio de 2010. Disponível em http://www.fastcompany.com/1648943/creativity-the-most-important-leadership-quality-for-ceos-study.

2. W. Duggan, *Napoleon's Glance: The Secret of Strategy* (Nova York: Nation Books, 2003).

3. P. Senge, *The Fifth Discipline* (Nova York: Doubleday, 1990).

4. *Vide* C. Hampden-Turner, *Charting the Corporate Mind* (Nova York: Free Press, 1990).

5. Arie de Geus, "Planning as Learning", *Harvard Business Review* 66, n. 2 (1998): 70–74.

6. N. Katz, "Sports Teams as a Model for Workplace Teams: Lessons and Liabilities", *Academy of Management Executive* vol. 15, n. 3 (2001): 56–67.

7. A. L. Delbecq, A. H. Van de Ven e D. Gustafson, *Group Techniques for Program Planning* (Glenview: Scott-Foresman, 1975).

8. *Ibid.*

9. E. Eisenberg, "Jamming: Transcendence Through Organizing", *Communication Research* 17, n. 2, (abril de 1990): 139–164; e M. Csikszentmihalyi, *Flow: The Psychology of Optimal Experience* (Nova York: Harper, 1990).

10. R. E. Quinn, *Beyond Rational Management: Mastering the Paradoxes and Competing Demands of High Performance* (San Fransisco: Jossey-Bass, 1988).

11. *Vide* P. Meyers, *From Workspace to Playspace* (San Francisco: Jossey-Bass 2010).

12. S. Johnson, *De onde vêm as boas ideias* (Rio de Janeiro: Zahar, 2011).

13. W. Isaacson, *Steve Jobs* (Nova York: Simon and Schuster, 2011), 431.

14. E. Von Hippel, *Democratizing Innovation* (Cambridge: MIT Press, 2005).

15. *Ibid.*

16. C. Argyris, "Double Loop Learning in Organizations", *Harvard Business Review* 55, n. 5 (1977): 115–125; e A. C. Edmondson, "Strategies for Learning from Failure", *Harvard Business Review* 89, n. 4 (abril de 2012): 48–55.

17. D. L. Cooperrider e S. Srivastva, "Appreciative Inquiry into Organizational Life." In: W. A. Pasmore e R. W. Woodman (orgs.) *Research in Organizational Change and Development*, vol. 1 (Greenwich: JAI Press, 1987), 129–169.

Vide também F. J. Barrett e D. Cooperrider, "Generative Metaphor Intervention: A New Approach to Inter-group Conflict", *Journal of Applied Behavioral Science* 26 (1990): 223–244.

Índice

A

acompanhamento na organização, 136–137, 193–194
acompanhando o solo na improvisação, 136–137, 193–194
Adderly, Cannonball, 162, 166
Amazon.com, 25–26
"ambiente de holding", 144–146, 147–148
American Ground (Langewiesche), 93
Apple, 56, 134
aprendizado
    abertura de Marsalis ao, 62–63
    aplicabilidade do jazz ao aprendizado da administração, 6–8
    com o fracasso, 190–192
    como os músicos de jazz aprendem a improvisar, 9
    concepção bancária da educação, 15, 110
    excesso de dependência do aprendizado estruturado, 112–113
    jam sessions como veículo para, 105–106, 197–198
    obstáculos hierárquicos ao, 60
    pela participação ativa nas jam sessions, 115–116, 118–119
    por meio da colaboração, 116–117
    por meio da experimentação, 13–14
    tratando os erros como oportunidades de aprendizado, 57–59
aprendizado prático, 118–119
Arendt, Hannah, 52
armadilha da competência
    rompendo, 157–159
    usando a competência provocativa para vencer, 159–163
autonomia orientada, 85–87

B

Baum, Dan, 20
Bazerman, Max, 60
bebop, 159

Bernhart, Milt, 155
Bernstein, Ethan, 88, 89–90, 171
Bezos, Jeff, 25–26
Boland, Richard, 152
BP (British Petroleum), 3–4, 5, 12
bricolagem, 29–30
"Bridge, The" (gravação), 17–18
British Airways, 168
Brown, John Seely, 116, 117
Brown, Ray, 68
Burton, Mike, 94. *Vide também* Limpeza do World Trade Center

C

Caos (Gleick), 82
Carter, Ron, 162
Chambers, Paul, 161
Chardack, William, 54
Christensen, Clayton, 156
Cleaver, Liam, 141–142
Cobb, Jimmy, 161
colaboração
    ambiente de trabalho e, 122
    aprendizado por meio da colaboração, 116–117
    confiança mútua e, 139
    mantendo a informalidade, 125–128
    seguidores e, 140, 141–142
Coleridge, Samuel Taylor, 13
Collins, Jim, 76, 134
Coltrane, John, 136, 158, 161, 162–163
compaixão centrada no outro, 141
competência afirmativa
    abordagem de Duke Ellington à liderança, 149–151, 155, 163
    abordagem de Michelangelo ao esculpir David, 39–40
    abordagem do *design mindset* ao aprendizado, 151–152
    abordando as tarefas de liderança como experimentos, 181–183
    ampliando o vocabulário do "sim", 188–190
    armadilha da competência e, 156–159
    barreiras à, 168–169
    benefício de uma mentalidade que maximiza as oportunidades, 40–41
    características dos líderes que improvisam, 44
competência provocativa
    criando mudanças positivas ao cultivar a dupla visão, 166–168
    cultivando, 198–200
    desconstruindo, 163–166
    elevação dos padrões na Toyota, 170
    evitando a armadilha da competência exemplo, 159–163
    exemplo do resultado positivo de dizer "sim à desordem", 33–34
    expectativas positivas e, 42–44
    explicação, 152–156
    gênese e concretização da loja de bicicletas só para mulheres da Giant, 171–174
    realidade de tarefas indeterminadas nos negócios, 30–31
    resposta criativa da Herman Miller a uma série de desafios, 26–28
    resposta de Bezos ao fracasso do Unbox, 25–26
    transcendendo as práticas convencionais, 174–175
    viés da positividade, 28
comunidade criativa, 128–129
comunidades de prática, 107–108, 116–117

concepção bancária da educação, 15, 110
Cooperrider, David, 146
Cowley, Neil, 124
criatividade. *Vide* jam sessions
crowdsourcing, 125–128

D

DARPA (Defense Advanced Research Project Agency), 127–128
Davis, Miles
    aceitação dos erros, 49
    capacidade de "chegar ao groove," 38
    competência provocativa de, 163–166
    maximizando a diversidade, 124
    ouvir com generosidade, 135–136
    técnicas para evitar a armadilha da competência, 158–159, 160
Davis, Richard, 139
de Forest, Lee, 53
de Geus, Arie, 184
De Niro, Robert, 75
Democracy and Education (Dewey), 118–119
Dewey, John, 118–119
Donald, Dave, 69
Drucker, Peter, 4
Duguid, Paul, 116

E

eBay, 169
Edison, Thomas, 120, 121
Edmondson, Amy, 58, 60
Ellington, Duke, 149–151, 155, 163
envolvimento inclusivo e novos papéis em grupos, 142–144

estética da imperfeição, 50–52
estrutura mínima, autonomia máxima
    aumento da solidez do sistema pela aceitação dos erros, 83
    autonomia orientada e dinâmica de grupo, 90–93
    base do sucesso na liberdade e na vigilância, 78
    caminhos organizacionais para estimular a improvisação, 84–85
    capacidade dinâmica, 87–90
    componentes da estrutura mínima, 81–83
    conforto da improvisação do jazz com o caos, 75–76
    coordenação por meio do exemplo da estrutura mínima (*vide* limpeza dos destroços do World Trade Center)
    criando, 194–195
    equivalente organizacional da estrutura mínima, 83–84
    liberdade e vigilância na improvisação, 78
    papel da autonomia orientada na inovação, 85–87
    papel das histórias e mitos organizacionais em estimular respostas criativas, 84
    teoria da complexidade aplicada às bandas de jazz, 79–81
    teoria da complexidade aplicada às organizações, 78–79
    vantagens dos sistemas adaptativos complexos, 76–77
Evans, Bill, 10, 68, 125, 135, 158, 161, 162

executando e experimentando simultaneamente
  abertura de Marsalis ao aprendizado
  aceitação dos erros pelos jazzistas, 48–50
  aproveitando o fracasso construtivo, 55–57, 190–192
  caracterização padrão do gerente competente, 66
  compromisso de Peterson com a perfeição, 61–62
  disposição de Rollins em experimentar, 62
  estimulando a brincadeira séria e menor controle, 196–197
  estimulando o processamento de informações, 183–185
  estímulo à honestidade por Mulally na Ford, 47–48
  história da invenção do marca-passo, 53–55
  imperativo da diversidade dos empregados, 71
  obstáculos ao aprendizado, 60
  permitindo uma estética da imperfeição dentro da organização, 50–52
  Play-Doh, história da invenção, 55
  quando os jazzistas abrem mão da deliberação e do controle, 67–68
  sucesso do processo criativo na HP, 68–71
  tirando proveito dos erros, 52–53
  tratando os erros como oportunidades de aprendizado, 57–59
  valor em uma cultura de equipe que tolera erros, 48, 59–61
  valor em uma cultura e liderança que permite correr riscos, 63–66

F, G
Fields, Mark, 47
"Flamenco Sketches" (música), 162
Flanagan, Tommy, 36
Fleming, Lee, 68–69, 70
Fora de série – Outliers (Gladwell), 60
Ford Motor Company, 47–48
Freire, Paulo, 14, 110
Friedman, Don, 50
Frohman, Dov, 85
Fuller, Curtis, 108
FunSaver, câmera, 84–85
GE (General Electric), 15
Getz, Stan, 68
Giant Manufacturing Company, 171–174
Gioia, Ted, 12, 29, 50
Gladwell, Malcom, 60
Gleick, James, 82
GNU Project, 87
Good to Great: empresas feitas para vencer (Collins), 76, 134
Google, 56
Gore, Bill, 167–168
Granz, Norman, 61
Greatbatch, Wilson, 53–54
Gridley, Mark, 10, 150
Grove, Andy, 18–19

H, I
Habitat Jam na IBM, 142
Hackman, Richard, 140
Hagan, Arthur E., 6
Hancock, Herbie, 158, 162
Hanna, Roland, 139
Hargadon, Andrew, 120, 121
Hawley, Kip, 82–83
Haynes, Roy, 135
Hayward, Tony, 4, 12

Herman Miller, 26
Hersch, Fred, 38
Hewlett-Packard, 68–71
Holden, Ken, 96
Howard, Robert, 85
Hughes, Chris, 19–20
IBM, 141–142
IDEO, 71, 140
Immelt, Jeffrey, 15
improvisação no jazz
    aplicabilidade do aprendizado no jazz ao aprendizado da administração, 6–8
    aprendendo pela experimentação, 13–14
    aspectos fundamentais, 10
    benefícios do sistema emergente, 20
    características dos grandes jazzistas, 8
    chegando ao groove, 37–39
    como os jazzistas aprendem a improvisar, 9
    conforto dos sistemas complexos com o caos, 75–76
    exemplo da improvisação com base nas forças armadas, 19–2020
    natureza retrospectiva da, 29
    objetivo da improvisação, 9
    paralelos com a limpeza do World Trade Center, 99–100
    paralelos com o empreendedorismo e a inovação, 10–12
    qualidade da negociação contínua, 35–37
    qualidades semelhantes à bricolagem
    rompendo rotinas deliberadamente, 185–188
    rotinas *versus* improvisação, 16–19
    teoria da complexidade aplicada às bandas de jazz, 79–81

valor da alternância entre os papéis de líder e seguidor, 138–139
"Improvisation as a Mindset for Organizational Performance" (Weick), 4
improvisação. *Vide* levando a improvisação adiante; kit de ferramentas da improvisação; improvisação no jazz
Innovation Jam na IBM, 141–142
inovação
    compreensão do valor da inovação pelo CEO, 179–180
    desenvolvida por meio das interações, 120–122
    Innovation Jam na IBM, 141–142
    papel da autonomia orientada na, 85–87
    paralelos com a improvisação no jazz, 10–12
Intel, 18–19
inteligência coletiva, 140, 142–144
Isaacson, Walter, 121–122
invenção do marca-passo, 53–55

J, K

jam sessions
    aprendizado ao longo do caminho, 115–116
    aprendizado prático, 118–119
    base do *crowdsourcing* na colaboração informal, 125–128
    como veículo para o aprendizado e a criatividade, 105–106, 197–198
    comunidades de prática e, 107–108, 116–117
    erro do foco no individualismo na invenção, 122–123

exemplo de comunidade criativa, 128–129
inovações desenvolvidas por meio das interações, 120–122
natureza espontânea do, 114–115
oportunidades perdidas devido ao excesso de erro no aprendizado estruturado, 112–113
perigo de perder a criatividade devido à homogeneidade do grupo, 123–125
permitindo, 197–198
processos sociais e cognitivos e, 109–111
Jarrett, Keith, 16, 68, 158, 159
jazzistas
abrindo mão da deliberação e do controle, 67–68
aceitação de erros, 48–50
evitando a armadilha da competência, 157–159
imperativo da diversidade, 71
Jobs, Steve, 11, 121–122, 134, 197
Johnson, Mary Lou, 64–66
Johnson, Paul, 40
Johnson, Steven, 53, 197
Jones, Sean, 124

K
Kahn, William, 66
Kaplan, Fred, 162–163
Katz, Nancy, 184–185
Keats, John, 13
Kegan, Robert, 145
Kelley, David, 71
Kelly, Wynton, 125
Khurana, Rakesh, 134
Kierkegaard, Søren, 27, 67–68

"Kind of Blue" (gravação), 160–161, 164–165
kit de ferramentas da improvisação
abordando as tarefas de liderança como experimentos, 181–183
aprendendo com os fracassos, 190–192
celebrando o acompanhamento para criar uma cultura de nobres seguidores, 193–194
criando estruturas mínimas que maximizam a autonomia, 194–195
cultivando a competência proativa, 198–200
dando a todos a chance de solar, 192–193
estimulando a brincadeira séria e menos controle, 196–197
estimulando o processamento de informações, 183–185
expandindo o vocabulário do "sim", 188–190
permitindo as jam sessions, 197–198
rompendo rotinas intencionalmente, 185–188
Kleiner Perkins Caufield & Byers, 56
Kodak, 84–85
Komisar, Randy, 56
Konitz, Lee, 36, 139

L
Lacy, Steve, 10
Lakhani, Karim, 126
Langewiesche, William, 93, 94
Lave, Jean, 116
Leadership the Hard Way (Frohman e Howard), 85
LEGO Mindstorms, 197–198

levando a improvisação adiante
  características das organizações que improvisam, 201–203
  compreensão do valor da inovação pelo CEO, 179–180
  kit de ferramentas (*vide* kit de ferramentas para improvisação)
  objetivo das organizações de "chegar ao groove", 180–181
Lévi-Strauss, Claude, 29
Lewis, Ted, 63–66
liderança
  abordagem do *design mindset* à, 151–152
  abordagem de Duke Ellington à liderança, 149–151, 155
  abordando as tarefas da liderança como experimentos, 181–183
  ampliando o vocabulário do "sim", 190
  aprendendo com o fracasso, 190–192
  características dos líderes que improvisam, 44
  celebrando o acompanhamento para criar uma cultura de nobres seguidores, 193–194
  como competência provocativa (*vide* competência provocativa)
  criando estruturas mínimas que maximizam a autonomia, 195
  cultivando a competência provocativa, 199–200
  culto ao líder, 133–135
  dando a todos a chance de solar, 193
  permitindo jam sessions, 198
  rompendo rotinas deliberativamente, 188
  valor da alternância entre os papéis de líder e seguidor, 137–139

Linux, 87, 126–127
Little, Brooker, 50
Lo, Tony, 171–174

M, N
Marsalis, Ellis, 62–63
Marsalis, Wynton, 35, 62–63
Mayer, Marissa, 56
McBee, Cecil, 80
McDonough, William, 26
McVicker, Noah e Joseph, 55
Meyer, John, 69, 70
Michelangelo e David, 39–40
Microsoft, 56
Mingus, Charles, 75, 87, 151
mistura de gêneros em um grupo de inteligência coletiva, 144
modelo de aprendizagem pela experiência, 116
Mulally, Alan, 47
Napoleão, 183
Nash, Steve, 147
Naval Postgraduate School (Escola Naval de Pós-Graduação), 63–64, 112
Network Challenge – DARPA, 128
Nordstrom, 51–52

O
Oaxley, Tony, 158
Omidyar, Pierre, 169
Omni Hotel, experimento, 90–93
Omron, 88–89
Orr, Julian, 31
ouvir com atenção, 139
ouvir com generosidade, 135–136

P, Q
paixão egocêntrica, 141
Palmisano, Sam, 141
Panetta, Jill, 126
Parker, Charlie, 106
Parks, Jay, 187
Peplowski, Ken, 32, 67, 105, 142–144
Permanent Emergency (Hawley), 82
Persip, Charlie, 77
Peterson, Oscar, 16, 61–62
Peterson, Ralph, 81
planejamento
   aplicabilidade do aprendizado do jazz ao aprendizado da administração, 52–76
   ênfase dada às rotinas nas faculdades de Administração, 14–15
   realidade das situações inesperadas, 15–5
   rompendo rotinas deliberativamente, 185–188
plataforma Deepwater Horizon, 3–4, 5
Play-Doh, 55
Quinn, James Brian, 57, 196

R
Roach, Max, 37
Roadway Trucking, 203
Rollins, Sonny, 16, 17–18, 62

S
Sakuta, Hisao, 88
Sanger, Larry, 86
Scott, Ronnie, 16
Searching for a Corporate Savior (Khurana), 133
Seeger, Matthew, 61

seguidores
   aceitando a mentalidade das funções no solo e no acompanhamento, 140–142
   acompanhamento na organização, 136–137
   "ambiente de holding" e seguidores ativos, 144–146, 147–148
   compaixão centrada no outro e, 141
   criando uma cultura de nobres seguidores, 193–194
   culto ao líder, 133–135
   dando a todos a chance de solar, 192–193
   discussão colaborativa on-line da IBM, 141–142
   estudos sobre inteligência colaborativa e, 140
   fatores que tornam os grupos mais inteligentes, 142–144 ouvir com generosidade, 135–136
   paixão egocêntrica e, 141
   papel de apoio dos bons seguidores, 146–148
   saber ouvir com atenção para permitir o desempenho, 139
   valor na alternância de papel de líderes e seguidores, 137–139
seguidores ativos, 144–148
sensibilidade social e inteligência coletiva, 143
Sellnow, Timothy, 61
Senge, Peter, 184
Shorter, Wayne, 162
Shula, Don, 184
Simon, Herbert, 152
Sitkin, Sim, 60
Situated Learning (Lave and Wegner), 116

Snook, Scott, 187
software de fonte aberta, 87, 125–128
Só os paranoicos sobrevivem (Grove), 19
"So What?" (música), 161
Sony, 168
Speeding Up Learning (Edmondson), 60
Stacey, Ralph, 78
Stallman, Richard, 87
Sternin, Jerry, 43
Sunstein, Cass, 123

T, U
técnica de *scaffolding*, 109
teoria da complexidade, 78–81
Terry, Clark, 155
Threadless, 128–129
Tizol, Juan, 151
TopCoder, 127
Torvalds, Linus, 87, 126
Toyoda, Eiji, 169–170
Toyota, 89–90, 169–170
transferência de capital por meio da interação social, 110–111
Tu, Bonnie, 173–174
Turrentine, Tommy, 9
Tyner, McCoy, 135
Ulmer, Robert, 61
Unbox, 25–26

V, W, X, Z
ValuesJam na IBM, 141–142
Vaught, John, 69, 70
viés da positividade, 28
Vygotsky, Lev, 109
W. L. Gore and Associates, 167
Wales, Jimmy, 86
Watkins, Michael, 60
Weick, Karl, 4, 8, 12, 83
Wenger, Etienne, 116
Wheatley, Meg, 78
Wikipedia, 86, 87, 125
Williams, Buster, 38
Williams, Cootie (Charles Melvin), 150
Williams, Tony, 159, 162
Winnicott, Donald, 77, 145
Woolley, Anita, 140
World Trade Center, limpeza dos escombros
    ausência de uma ordem oficial para seguir em frente, 98
    chegada espontânea de trabalhadores, 96
    conflitos de lealdade, 94
    estrutura mínima criada pelas reuniões programadas, 96–97
    formação de equipes *ad hoc* por Burton, 95–96
    origem do arranjo de quatro pilhas, 97–98
    paralelos com a improvisação do jazz, 99–100
    risco dos materiais perigosos, 93–94
    sucesso, 94
Xerox, 115
zona de desenvolvimento proximal, 109

nosso trabalho para atendê-lo(la) melhor e aos outros leitores.
Por favor, preencha o formulário abaixo e envie pelos correios ou acesse
www.elsevier.com.br/cartaoresposta. Agradecemos sua colaboração.

Seu nome: _____

Sexo: ☐ Feminino ☐ Masculino   CPF: _____

Endereço: _____

E-mail: _____

Curso ou Profissão: _____

Ano/Período em que estuda: _____

Livro adquirido e autor: _____

Como conheceu o livro?

☐ Mala direta   ☐ E-mail da Campus/Elsevier
☐ Recomendação de amigo   ☐ Anúncio (onde?) _____
☐ Recomendação de professor   ☐ Resenha em jornal, revista ou blog
☐ Site (qual?) _____   ☐ Outros (quais?) _____
☐ Evento (qual?) _____

Onde costuma comprar livros?

☐ Internet. Quais sites? _____
☐ Livrarias   ☐ Feiras e eventos   ☐ Mala direta
☐ Quero receber informações e ofertas especiais sobre livros da Campus/Elsevier e Parceiros.

Siga-nos no twitter @CampusElsevier

Cartão Resposta
050120048-7/2003-DR/RJ
Elsevier Editora Ltda
CORREIOS

ELSEVIER

SAC | 0800 026 53 40
ELSEVIER | sac@elsevier.com.br

CARTÃO RESPOSTA
Não é necessário selar

O SELO SERÁ PAGO POR
Elsevier Editora Ltda

20299-999 - Rio de Janeiro - RJ

Qual(is) o(s) conteúdo(s) de seu interesse?

Concursos
- [ ] Administração Pública e Orçamento
- [ ] Arquivologia
- [ ] Atualidades
- [ ] Ciências Exatas
- [ ] Contabilidade
- [ ] Direito e Legislação
- [ ] Economia
- [ ] Educação Física
- [ ] Engenharia
- [ ] Física
- [ ] Gestão de Pessoas
- [ ] Informática
- [ ] Língua Portuguesa
- [ ] Línguas Estrangeiras
- [ ] Saúde
- [ ] Sistema Financeiro e Bancário
- [ ] Técnicas de Estudo e Motivação
- [ ] Todas as Áreas
- [ ] Outros (quais?)

Educação & Referência
- [ ] Comportamento
- [ ] Desenvolvimento Sustentável
- [ ] Dicionários e Enciclopédias
- [ ] Divulgação Científica
- [ ] Educação Familiar
- [ ] Finanças Pessoais
- [ ] Idiomas
- [ ] Interesse Geral
- [ ] Motivação
- [ ] Qualidade de Vida
- [ ] Sociedade e Política

Jurídicos
- [ ] Direito e Processo do Trabalho/Previdenciário
- [ ] Direito Processual Civil
- [ ] Direito e Processo Penal
- [ ] Direito Administrativo
- [ ] Direito Constitucional
- [ ] Direito Civil
- [ ] Direito Empresarial
- [ ] Direito Econômico e Concorrencial
- [ ] Direito do Consumidor
- [ ] Linguagem Jurídica/Argumentação/Monografia
- [ ] Direito Ambiental
- [ ] Filosofia e Teoria do Direito/Ética
- [ ] Direito Internacional
- [ ] História e Introdução ao Direito
- [ ] Sociologia Jurídica
- [ ] Todas as Áreas

Media Technology
- [ ] Animação e Computação Gráfica
- [ ] Áudio
- [ ] Filme e Vídeo
- [ ] Fotografia
- [ ] Jogos
- [ ] Multimídia e Web

Negócios
- [ ] Administração/Gestão Empresarial
- [ ] Biografias
- [ ] Carreira e Liderança Empresariais
- [ ] E-business
- [ ] Estratégia
- [ ] Light Business
- [ ] Marketing/Vendas
- [ ] RH/Gestão de Pessoas
- [ ] Tecnologia

Universitários
- [ ] Administração
- [ ] Ciências Políticas
- [ ] Computação
- [ ] Comunicação
- [ ] Economia
- [ ] Engenharia
- [ ] Estatística
- [ ] Finanças
- [ ] Física
- [ ] História
- [ ] Psicologia
- [ ] Relações Internacionais
- [ ] Turismo

Áreas da Saúde
- [ ]

Outras áreas (quais?): _____

Tem algum comentário sobre este livro que deseja compartilhar conosco?
_____
_____

Atenção: